The Book of Nature Connection
70 Sensory Activities for All Ages

拥抱自然的孩子

70个深度自然游戏

[加] 雅各布·罗登伯格
（Jacob Rodenburg）著

王西敏 欧阳红 译

机械工业出版社
CHINA MACHINE PRESS

本书通过70多种类型多样、引人入胜的深度自然游戏，提升孩子的专注力和自然连接力，帮助他们调动所有的感官，获得深刻且有滋养的自然体验。享受着按照主要感官（听觉、视觉、嗅觉、触觉和味觉）进行分类的活动，孩子将聆听到鸟语低吟；被大自然万花筒般的色彩迷得眼花缭乱；沉浸于松柏常青的芬芳世界；拥抱一棵树，去感受树皮贴着脸颊；品味四季的清新……抽出一些时间投入大自然，就能让所有的感官得到调节和启动，帮助孩子们重返自然世界。

本书既是一个强大的学习工具，也是治愈因沉迷屏幕与久居室内而引发的感官钝化的一剂良药；既适合自然教育从业者学习借鉴，也适合亲子共读并进行实操。

本书荣获2023年鹦鹉螺图书奖教育指南类金奖、第35届IBPA本杰明·富兰克林图书奖自然与环境类银奖、2023年独立出版商图书奖自然类银奖。

The Book of Nature Connection: 70 Sensory Activities for All Ages by Jacob Rodenburg
ISBN: 9780865719712

First published by New Society Publishers Ltd., Gabriola Island, British Columbia, Canada
Copyright © 2022 by Jacob Rodenburg. All rights reserved.
The simplified Chinese translation rights arranged through Rightol Media（本书中文简体版权经由锐拓传媒旗下小锐取得Email: copyright@rightol.com）
Simplified Chinese edition copyright © 2025 China Machine Press Co., Ltd.

本书中文简体字版由New Society Publishers授权机械工业出版社在中国大陆地区（不包括香港、澳门特别行政区及台湾地区）独家出版发行。未经出版者书面许可，不得以任何方式抄袭、复制或节录本书中的任何部分。

北京市版权局著作权合同登记　图字：01-2024-0583号。

图书在版编目（CIP）数据

拥抱自然的孩子：70个深度自然游戏 /（加）雅各布·罗登伯格（Jacob Rodenburg）著；王西敏，欧阳红译. -- 北京：机械工业出版社，2024. 12. -- ISBN 978-7-111-77520-1

Ⅰ. G40-02

中国国家版本馆CIP数据核字第20256VT270号

机械工业出版社（北京市百万庄大街22号　邮政编码100037）
策划编辑：王　炎　　　　责任编辑：王　炎　兰　梅
责任校对：曹若菲　薄萌钰　责任印制：单爱军
北京瑞禾彩色印刷有限公司印刷
2025年6月第1版第1次印刷
190mm×230mm · 7.75印张 · 1插页 · 132千字
标准书号：ISBN 978-7-111-77520-1
定价：59.00元

电话服务　　　　　　　　网络服务
客服电话：010-88361066　机　工　官　网：www.cmpbook.com
　　　　　010-88379833　机　工　官　博：weibo.com/cmp1952
　　　　　010-68326294　金　书　网：www.golden-book.com
封底无防伪标均为盗版　　机工教育服务网：www.cmpedu.com

对本书的赞誉

雅各布·罗登伯格丰富的知识和对自然富有感染力的热爱，使这本书成为联结儿童与自然世界的绝佳桥梁。书中的活动和游戏简单易行，这对教育工作者来说将是一个福音。

——保罗·埃里奥特（Paul Elliott），特伦特大学教育学院教授，教师教育中的环境与可持续发展教育（Enviromental and Sustainability Education in Teacher Education）联合主席

这是一本多么方便和实用的书啊！雅各布参与创建了北美项目最全面的社区环境教育项目之一——安大略省彼得伯勒市发起的"守护和亲近之路"。这个项目旨在帮助儿童在各个年龄和阶段与自然世界建立联系，并提供清晰且富有远见的指导，而本书为建立这种联系提供了指南。它插图精美，表述简洁明了，阅读轻松，对学校老师、家长和户外教育工作者来说都很有价值。

——大卫·索贝尔（David Sobel），环境教育领导者，《超越惧生物性：在自然教育中找回心灵》（Beyond Ecophobia: Reclaiming the Heart in Nature Education）一书的作者

本书邀请各不同年龄和能力的学习者以全新的、令人兴奋的方式体验自然世界。尽情享受这一系列游戏和工具吧，它们将教会你如何调动自己的感官，并与世界建立联系。

——泰根·莫斯（Tegan Moss），彼得伯勒绿色发展协会（Peterborough Green-Up Association）执行主任

这本美丽的自然活动手册是所有教育工作者——不仅仅是我们这些自然爱好者——的必备读物。无论是寻找未来活动的灵感，还是要为 15 分钟后进行的团队活动做准备，这本书都能为你提供一些便捷可行的方案或深入探究的机会。治疗感官迟钝的最佳解药是花一天时间和雅各布一起探索你的"丛林邻居"，其次是参加他那些道具简单但效果显著的活动，这些活动能充分调动所有感官，包括你的好奇心！

——凯伦·奥克拉夫卡（Karen O'Krafka），安大略省户外教育工作委员会（Council of Outdoor Educators of Ontario）主席

本书将激发和鼓励你以更敏感的方式去看、听、感受、触摸，并与自然世界建立联系（或重新建立联系）。雅各布将他对户外教育的智慧和热情神奇地转化成此书，提供了一系列适合所有季节和年龄段的独特活动。当大自然需要我们，正如我们需要大自然一样时，这本书出现得正是时候。本书引人入胜，富有教育意义，有趣且考虑周全，是教师、家长和所有兴趣发现大自然奇迹的人的理想指南。

——莉萨·尼斯贝特（Lisa Nisbet），特伦特大学副教授，自然相关性量表的联合创建者，作家和研究员，natuerelatednes.ca 网站创办者

对于那些喜欢在自然中漫步，向大自然学习的人以及探索自然世界的新手来说，这是一个极好的资源！雅各布用新的方式改写了一些屡试不爽的沉浸式体验。翻到这本书的任何一页，阅读它，然后走到户外，以一种令人耳目一新的方式体验自然奇迹吧。

——珍妮弗·赛德尔（Jennifer Seydel），绿色学校全国（加拿大）网络执行主任

雅各布·罗登伯格精心撰写了这本必读指南，其中充满了关于如何通过练习正念和感官活动与自然重新联系的重要方法。对于希望摆脱繁忙的、充斥电子产品的生活，沉浸在大自然中并从中获得益处的人来说，这本书是一个很好的选择！

——阿利·海德尔·阿里（Aly Hyder Ali），环保机构"自然加拿大"城市自然项目组织者

前　言

暂停一下。把手掌握成杯状，手指并拢在一起，然后把手放在耳朵后面，将耳朵向前推。注意到你听得更清楚了吗？认真听一听。你听到了什么？是纸张的沙沙声、背景音乐声、椅子的吱吱声，还是汽车驶过的声音？你能在同一时间听到多少种不同的声音？

手掌如图放置在耳后有助于提高听力。

我们的感官

人类拥有惊人的感知世界的能力。我们所处的环境犹如一幅由声音、视觉、味道、感觉和气味交织而成的层次分明的精美织锦。人类已经进化出能够深刻感知周围世界的能力。人类的听觉、视觉、味觉、触觉和

嗅觉不断适应环境，使我们能够在几百万年间生存下来。它们通过气味和味道帮助我们判断食物是否安全，通过看到和听到捕食者保护我们免受危险。当我们疼痛时，或者太冷或太热时，身体会发出信号，帮助我们应对不适。

我们的每一种感官都是一个了不起的进化成就。例如，微微突出的耳朵帮助我们捕捉各种声音振动。我们的听觉足够灵敏，可以察觉到风在草地上轻轻吹过的声音；也足够强大，能抵御孩子哭闹时的尖叫。我们可以同时听到来自多个方位的声音——也就是说可以在三维立体环境中听到完整的环绕音。

我们的视觉也是如此。现在，请慢慢地向左右转动头部。环顾周围，直到视线所及的最远处。请注意那些令人难以置信的色调变化、从桌子上反射出来的光泽、纸上微妙的纹理，以及这本书上浓重的墨线。眺望一下远处，现在看一看离你很近的东西。注意，你也有一双捕食者般敏锐的眼睛，你拥有能够感知三维物体的立体视觉，可以测量深度和位置。借助眼睛后部的特殊视锥细胞，你可以区分一百万种不同的颜色。如果你足够幸运，甚至可以成为那些罕见的"四色视者"之一，将能够看到四种不同的原色，而不是正常的三种原色，这样，你将可能能够区分一亿种不同的色调！

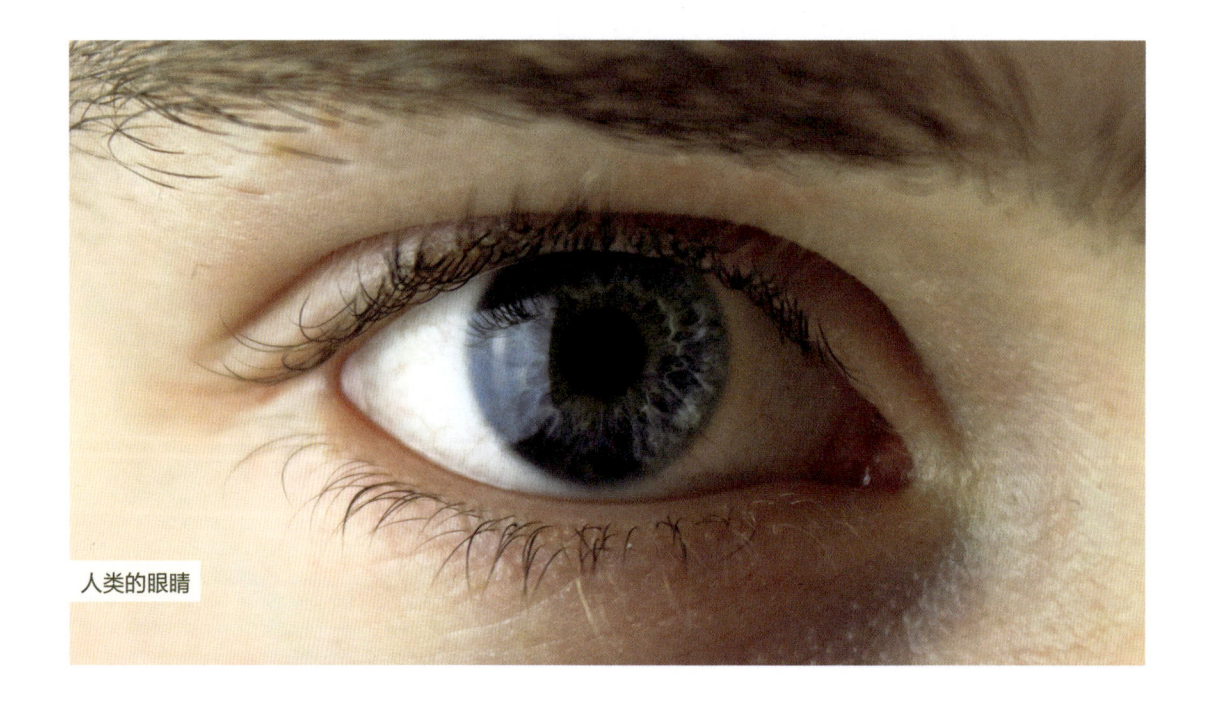

人类的眼睛

用拇指与另一个指尖摩擦。感受包裹在外的皮肤纹路。我们被皮肤包裹着，它是我们与世界之间的屏障。在我们的指尖，每平方厘米皮肤有1400多个被称为"触觉小体"的特殊感受器，它们能对最轻微的压力、轻柔的抚摸或凉爽的微风做出反应。

深吸一口气，专注于周围空气的气味。每一次呼吸时，我们都会闻到气味。最新研究表明，我们可以感知到数百万种气味。嗅觉是我们最能唤起回忆的感官之一。伴随着一股新鲜出炉的面包香气和春雨的味道，我们可以穿越回奶奶的厨房，或者回忆起小时候，穿着橡胶雨靴在四月的细雨中踩水坑的情形。

用舌头舔一下上颚，你能感觉到味蕾的样子吗？我们的舌头上有一万多个味蕾挤在嘴里，形状如小火山，帮助我们品尝出最细微的味道。举个例子，舌头能帮我们鉴别出二百万分之一的苦味。老练的葡萄酒鉴赏家只需喝几小口就能分辨出不同葡萄酒中的葡萄生长在哪个地区。他们用各种各样的有创意的语言来描述不同葡萄酒的味道、颜色和香气。葡萄酒可能是清瘦的、克制的、丝滑的、野性的或爽脆的。

你可能会问，我们能成为大自然的"鉴赏家"吗？也许我们可以通过调动所有的感官来练习"品鉴"这个世界。我们能否像鉴赏家一样，用心感知和享受自然世界？我们该如何培养这种**敏锐的感知力**，用全身心建立与周围世界的联结？

在如今充斥着电子产品的现代世界里，我们往往只使用两种感官，即视觉和听觉。事实上，人们如今体验世界的大部分方式都被压缩到二维，并被限制在一个平面的发光的屏幕上。在北美洲，儿童平均每天花在此类设备前的时间接近7小时50分钟。更令人惊讶的是，成年人每天花在屏幕上的时间可以超过10个小时，而且这个数字还在不断增长。

不知为何，我们如今认为自己只有连接到那些设备时，生活才更完整。的确，智能手机、平板电脑和计算机帮助我们以新的方式发现世界。我们可以即时与海外朋友取得联系；可以在几分之一秒内搜索出一些信息。当在虚拟环境中感受到与朋友的联系时，我

们也意识到，似乎缺少了一些东西。我们看到的是他们外在的形象，而不是真实的个体。我们怀念他们触摸的感觉；怀念他们身上淡淡的气味。我们也怀念共享同一空气、同一地点和同一时刻的所有体验。我们花在屏幕前的时间太多了，往往会忘记大自然赋予了我们这些奇妙感官的能力——这些感官使我们能够深刻而持久地与周围的世界建立联系。在某种程度上，电子产品是无法复制这种联系的。

或许我们凭直觉就知道，越来越多的证据也表明，待在大自然中就可以有益我们的身心健康，只要呼吸森林中的空气就能增强我们的免疫系统，只要看到绿色我们就会释放血清素——这是一种会让人感觉良好的激素。花时间待在大自然中，有助于我们更好地集中注意力，改善睡眠，提升情绪和能量。当今社会，有一半以上的人口都生活在城市中，现在我们比以往任何时候都更需要大自然。

我希望这本书能鼓励你，也包括你的家人、邻居、学生和朋友，从电子产品中解脱出来，通过感官所创造的奇迹来融入大自然。我也希望这些感官活动能激励你以新的

自然联结

且不同的方式沉浸在自然世界中。把感官想象成"大自然的管道",它们是你与维系我们所生存的自然系统最直接的联系。用我们所有的感官来融入世界,需要练习、正念和深思熟虑。一些人认为,在现代世界,我们的孩子正遭受一定程度的**感官麻醉**——也就是感官变得迟钝。记住这一点,花点时间在大自然里,随着所有的感官都被唤醒并做好准备时,我们会感觉到自己更有活力,与周围的世界更加和谐。我们和我们的下一代都感到某种程度的孤独和疏离,难道不就是因为与滋养和维系我们的生活系统脱节了吗?通过一次又一次地带着自己和孩子沉浸在自然空间中,我们会开始珍惜这些地方,不仅仅是因为我们游览过这些地方,而更是因为我们属于这些地方。有了这种归属感,我们才会感到更加完整。

我希望读者们能把这些地方想象成社区中不可分割的一部分,成为"街坊四邻"的一部分。加拿大阿尼希纳贝印第安人使用 Nwiikaanigana 这个词(意思是"我的所有关系"),来表达他们与周围的土地、空气、水、植物和动物的联系。愿我们都能以这种令人满意的方式来看待周围的自然世界。

史蒂夫·范马特(Steve Van Matre)

地球教育(Earth Education)运动的创始人史蒂夫·范马特是一位杰出的户外教育者。他相信,如果孩子们了解支配自然世界的生态原理,并有机会激活所有的感官,他们就会更加关注环保。早在20世纪70年代,范马特就担心自然教育工作者过于注重以百科全书式的方式记忆物种和传授信息。除了开发"地球守护者"(Earth Keepers)和"太阳船地球"(Sunship Earth)等创新的户外教育课程外,范马特还构思了一系列感官感知活动,帮助孩子们欣赏和品味自然世界。他称这些为适应性活动(acclimatization activities)。从"湿地漫步"到"地下室之窗",从"微型小径"到"自然相框"⊖,范马特对感官意识的创造性使用是这本书的灵感来源,他的许多活动都可以在本书中找到。

正念和自然

正念是一种刻意练习,它要求你在与周围世界产生连结时,深入体会自己的感觉和身体的体验。这意味着放下杂念,专注于此时此地。例如,站在阳光下,体会阳光照在

⊖ 均为范马特所开发的自然体验活动内容。——译者注

脸上的感觉。你可能会注意到风吹过脸颊，空气中弥漫着淡淡的松树香味。你也可能会想象着地球在脚下转动，犹如也有生命一般。正念是完全沉浸于当下，并对这一刻以及这一刻带来的所有感知持开放态度。自然世界是一个不断变化、充满韧性和新生力量的地方。打开所有的感官，让自然世界洗涤你，你会感到神清气爽并开始觉醒。那些大脑里产生的日常生活中需要完成的事情及其引发的混乱和压力开始消退。你感觉自己与比自己更强大的东西之间存在一种归属感。把自己从身躯中拉出来，融入周围的世界，这有助于培养和增强同理心。

研究表明，我们的大脑在自然环境中的运转方式会有不同。我们会更加放松，这会增加 α 波[一]的活动，有助于让我们感觉更平静。与此同时，大脑中额叶的活动减少了，而额叶是负责执行功能和分析思维的部分，这会让我们感到压力更小，更心平气和。

以下是在大自然中进行正念练习的一些提示：

- 在一个尽可能自然的地方找一个安静的角落。如果住在大城市，就去附近的公园。如果能远离城市生活的喧嚣，那就更好了。
- 站着、坐着，甚至躺着。
- 从调整你能听到的声音开始。如果突然想到了什么，尽量不要对它们做出反应。相反，把注意力集中在对此时和此地的感觉上。
- 用鼻子慢慢吸气，用嘴或鼻子轻轻呼气。闻一闻空气，你能察觉到一丝泥土味、空气中的湿气，或树木和叶子的气味吗？
- 轻轻地抚摸土壤、草地、棍子或树叶，把注意力集中在指尖的感觉上。它们的质地是什么？用手指摩擦一些泥土，感受它的凉爽和新鲜。
- 环顾四周，注意各种颜色。你注意到了哪些色调？能观察到多少种绿色、灰色和棕色？抬头看，注意天空的颜色：是蓝色、白色还是灰色？观察云及其形成的纹理、图案和形状。
- 可以边走路边进行正念练习。走路时，注意脚在移动时发出的声音。练习全方位观察，而不仅仅是看脚下。试着扩大视野。当在不同的地形上移动时，感受身体的平衡。专注于周围的声音。它们从哪里来？

[一] α 波是一种非常重要的脑波，它与人们的情绪、注意力、认知能力、创造力和睡眠质量有关。——译者注

当从森林来到田野，或者从被阳光照射的地方来到阴凉处时，请注意温度的微小变化。

- 两个人不会同时占据同一空间，这是一条奇妙的物理定律。此时此刻，你是唯一在这个空间里的人。你对世界的看法是完全独特的。庆祝这个只有你才能享受的美丽的视角吧。

- 需要提醒的是，在本书中，我们建议开展一些自然物的收集活动，目的是呼吁用心接纳大自然的小部分馈赠。请注意，在公园和保护区内，禁止从自然中拿走任何东西。如果这片土地不属于你，在从自然界拿走任何东西之前，一定要征得许可。如果是在自己的土地上，你甚至可以向植物本身申请"许可"。

目　录

对本书的赞誉
前　言

听听自然 · 014
声音捕捉器 ·016
向蝙蝠学习 ·018
倾听其他动物和树木 ·022
追踪游戏 ·034
自然音乐 ·039

看看自然 · 042
我们的视觉系统 ·044
季节色轮 ·046
动物的伪装和反荫蔽 ·051
伪装的蛋 ·054
雕刻大自然 ·056
大自然的形状 ·072
季节性观察活动 ·077

闻闻自然 · 078
我们的嗅觉系统 ·080
芳香疗法 ·086
费洛蒙 ·087
季节性的嗅觉活动 ·089

摸摸自然 —— 090
- 我们的体感系统 —— 092
- 蒙眼活动 —— 094
- 亲近大地 —— 096
- 亲近树木 —— 098
- 其他触摸体验活动 —— 103

尝尝自然 —— 104
- 可食用的野生植物 —— 107
- 季节的味道 —— 111

感恩大自然 —— 112

感官漫步 —— 115

其他感官体验 —— 119
- 方向感 —— 119
- 通感 —— 121

活动索引 —— 122

关于作者 —— 124

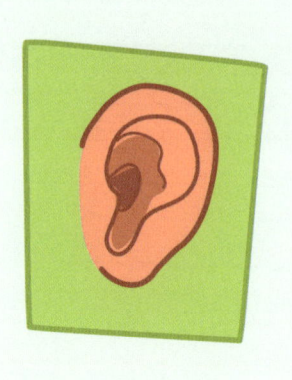

听听自然

当我们倾听的时候，听到的是什么？如果能够飘浮在太空中，倾听周围的宇宙，你会听到……好吧，你什么也听不到。这是因为声音的传播需要通过某种介质。在地球上，我们会听到声音在空气中传播。当你拍手时，会产生一系列的声波，就像一块鹅卵石掉进池塘里会引起一串波纹一样。当这些声波进入你的耳朵（也可以叫耳廓）后，它们会进入耳道。在耳道深处，鼓膜开始振动。鼓膜振动会导致一系列相互连接的微小骨骼移动（三块听小骨：锤骨、砧骨和镫骨）。最后一块骨头——镫骨——将声音的振动传递到耳蜗。耳蜗是一个充满液体的蜗牛状囊，里面排列着细小的毛发。这些毛发非常敏感，能对不同的音高或频率的声音做出反应。每根微小的毛发都会产生一种刺激听觉神经的神经冲动，这种冲动会传到大脑的听觉中心。然后大脑将其转化为声音。虽然听起来这个过程可能要花上一段时间，但事实上，从第一个声波进入耳朵到我们真正感受到声音，只需要几分之一秒。

声音捕捉器

如果仔细观察鹿，你会注意到它的大耳朵总是在抽搐和晃动。从兔子到狐狸，其他动物也在不断地用耳朵专心听声音。作为自然界中的动物，听觉可以帮助它们逃离危险或捕获猎物，其生存依赖于此。

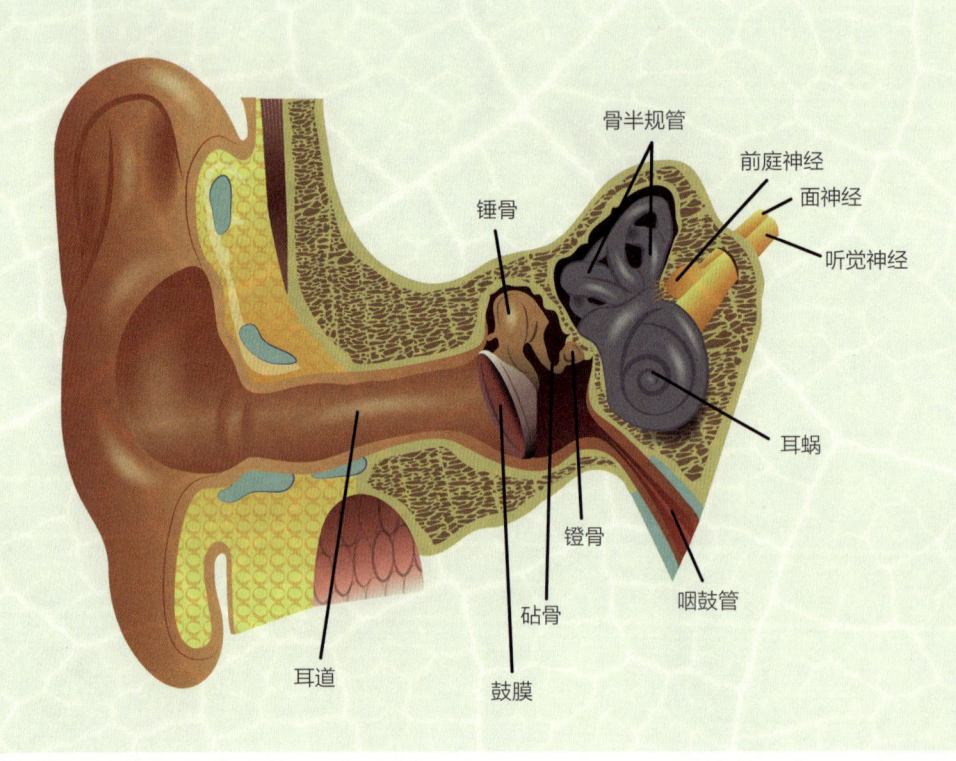

图中标注：骨半规管、前庭神经、面神经、听觉神经、锤骨、耳蜗、咽鼓管、镫骨、砧骨、鼓膜、耳道

鹿的耳朵

以下是如何将你的耳朵变成鹿耳朵的方法。

- 把手指并拢在一起，把手掌半握呈杯状。再把杯状手掌直接放在耳朵后面，向前推。使用这个方法，你的听力可以提高至少十倍。

- 现在找一个安静的地方。闭上眼睛，倾听周围自然的声音。也许是草的刷刷声、水的潺潺声、树叶的轻柔娑娑声，或者树枝的吱吱声。你能听到多少种自然的声音？有些人说能听到毛毛虫的咀嚼声。你可以听到吗？

听力增强器

是否有可能制作一种扩展耳朵的设备来提高听力呢？这里有一个很管用的、简单快速的听力增强器制作方法。

- 把一张大纸卷成圆锥形，一端尽可能大，另一端小到可以放进耳朵里，并用胶带把做好的圆锥固定。
- 把圆锥体的窄端贴在耳朵上，但要小心不要直接插进耳朵！
- 到外面去听听自然的声音。你的听力增强了吗？这个圆锥体把声音的振动集中到耳道中，就把声音放大了。

自制声音捕捉器

- 把一个纸板（或卡片）剪成耳朵的形状，确保它可以沿着你的头侧放置到耳朵后面。
- 打两个洞。如图所示，将木棒或棍子插入孔中，然后把卡片卷曲。用胶带固定。这个即时声音捕捉器就做好了。

试试看，也许你能听到对面房间传来的一些秘密。

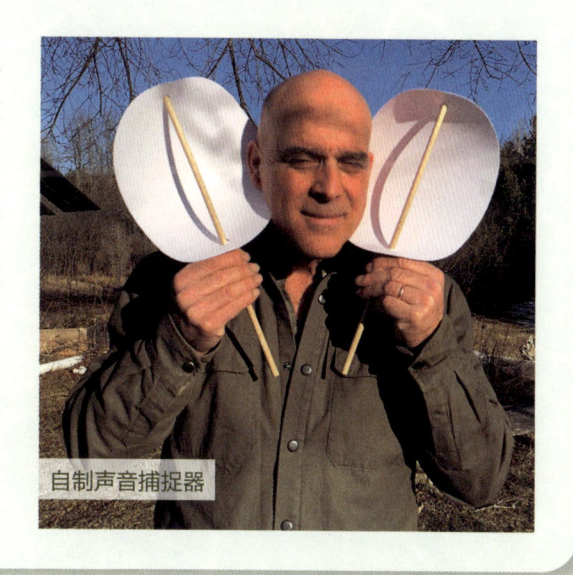

自制声音捕捉器

向蝙蝠学习

人类可以听到 20 到 20000 赫兹（一种声波频率的测量单位）的声音。1 赫兹等于每秒钟 1 次声波的振动。许多动物能听到的声音频率远远超过人类能听到的频率。以蝙蝠为例。作为在黑暗中导航和狩猎的一种方式，蝙蝠以每秒 10 到 20 次的频率发出一系列被称为"超声波"的高频音，然后再接收它们的回声。蝙蝠通过追踪回声来感知周围的环境。很多人认为蝙蝠看不见——事实并非如此；它们只是利用其非凡的声呐能力在黑暗中进行狩猎。海豚和鲸鱼同样也使用这种技术在水下狩猎。潜艇发出声音脉冲，然后通过计算机绘制生成海底地图。

事实证明，有些人也能激活这种能力。丹尼尔·基什（Daniel Kish）是个盲人。然而，他可以穿过加利福尼亚州长滩繁忙的街道，找到回家的路。他是怎么做到的呢？就像蝙蝠一样，他用舌头抵住上颚发出一连串的咔嗒声，然后倾听回声。他说自己可以创造一个三维的周边环境心理图像，并通过声音勾勒出"深度、特性和丰富度"。多年来，他逐渐非常善于通过声音"看"世界，以至于可以经常独自在山上徒步旅行，自己做饭，甚至能骑自行车穿过位于郊区的社区。我们在尝试做这些声音活动时，可以想想丹尼尔。这样做"听起来"不错吧？你能做到吗？

拍手听回声

- 走到户外，如果有条件，找一个有灌木丛、树木、巨石甚至建筑物的地方。

- 面朝一个方向，大声鼓掌。注意听听回声是怎么样的。现在站在一个物体（比如一棵大树或一堵墙）正前面，再次用完全相同的方式鼓掌。你注意到声音有什么变化吗？

- 闭上眼睛。在不同的自然物前进行实验，并尝试通过回声来"看到"声音。你能创建一个三维图像吗？它与你用眼睛直接看到的实际图像相比如何？

- 在各种自然物（灌木、大树、小树、巨石）前练习。练习得越多，你创建的声音图像是否会变得越来越清晰？

听音导航

对于这项活动，你需要一个眼罩，找到一条直直穿过树林的小径，还要有一个朋友做伴。让我们看看（其实在这种情况下是"听听"）你是否能像丹尼尔·基什那样驾驭世界。

- 在树林中找一条清晰、平坦的小路。确保它足够直，在大约方圆150英尺（约50米）的范围内没有障碍物（比如树根、岩石、洞、裂缝）。沿着这条路走几次，注意沿途左右侧的自然物。也许你会注意到小路边上的那棵北美乔松，或者远处那片蔓延的丁香丛，或者某座小山。

- 现在再沿着小路走一次，这一次就像丹尼尔一样，用舌头抵住上颚，反复扣齿发出声音（怎么方便怎么来）。一边走一边练习，专心关注回声。当经过不同的自然物时，你能听到声音微妙的变化吗？

- 是时候让你的朋友派上用场了。让朋友站在小路的尽头。一旦你偏离了道路，或者将要遇到危险，让他及时提醒你。

- 戴上眼罩，慢慢地沿着小路走，边走边发声。这个声音有助于你导航吗？练习几次，让你的朋友试一试。你能像丹尼尔·基什一样创建一个声音地图吗？你脑海中的声音画面与实际看到的有相似之处吗？

蝙蝠与蛾子

还记得蝙蝠是如何通过发出高频声波来回声定位食物的吗？这个游戏完美地复刻了声波如何帮助蝙蝠在夜间飞行时精确定位食物的。

这是一款基于童年时期玩得不亦乐乎的捉迷藏游戏的翻版。需要有超过 12 人参与，至少两个眼罩和一个开放区域。

- 选择一个人志愿做"蝙蝠"，另一个人做"飞蛾"。让其他人面朝内围成一个大圈。他们的手臂应该伸展开来，确保距离旁边的人大约半米。这些人组成了"蝙蝠"居住的"洞穴墙"。

- 把"蝙蝠"和"飞蛾"的眼睛都用眼罩遮起来。向参与者解释一下，现在外面很黑，"蝙蝠"和"飞蛾"都看不清东西。在这个游戏中，"蝙蝠"的任务是抓住"飞蛾"。

- 在现实生活中，蝙蝠会发出一系列高频音，并倾听回声定位飞蛾。确定飞蛾的位置后，它们要么像接棒球的动作一样用尾部卷住飞蛾并将其送到嘴里，要么用翅膀拍打飞蛾，将其转移至尾部再送入嘴里。顺便说一句，一只蝙蝠一小时可以吃掉 1200 只蚊子，一晚上可以吃掉至少 8000 只！

- 为了展示回声定位是如何工作的，让"蝙蝠"大声清晰地说出"蝙蝠"。每当"飞蛾"听到蝙蝠说"蝙蝠"时，它必须同样大声清晰地说"飞蛾"（以显示声波脉冲是如何反弹回蝙蝠耳朵的）。如果"蝙蝠"或"飞蛾"离"洞穴墙"太近，让"墙壁"轻轻地说"墙壁"，这样就不会发生任何碰撞。

- 现在让"蝙蝠"试着定位并抓住"飞蛾"。如果玩了一会儿还没有抓住的话，让"蝙蝠"通过增加声音的频率试一试。这有助于更有效地追踪飞蛾吗？

- 如果你愿意，可以在游戏中再增加一只"飞蛾"。一些飞蛾已经进化到听到蝙蝠的声呐就开始躲避的程度。它们将会俯冲、翻滚和曲线前行，试图以一种迅猛和不可预测的方式移动。飞蛾能用这些躲避的动作来迷惑蝙蝠吗？一些种类的灯蛾已经进化到能利用胸部的一种叫做鼓室的特殊器官发出一系列干扰性的咔嗒声，从而扰乱蝙蝠的声波。

- 生物学家把类似蝙蝠和飞蛾的这类捕食者和猎物的关系称为一种"军备竞赛"，因为它们都在进化出越来越复杂的捕捉猎物和避免被吃掉的方法。

成为蝙蝠监测员

- 购买一个高频声波探测器。有很多型号可供选择。它们能接收蝙蝠发出的高频音，并将其转化为人类可以听到的声音。使用这种探测器，你可以根据查看蝙蝠捕捉猎物时发出的特定频率来了解当前活跃的是哪些蝙蝠。

- 找一个蝙蝠易出没的地方：谷仓、有大树的森林、城市公园，或者老房子的屋顶也不错。确保在黄昏前不久到达。将探测器举高并调整探测器的频率，这样你就可以听到蝙蝠发出的独特的咔嗒声。从 45 赫兹开始，逐渐向上或向下调整。请注意，高频声波探测器可以帮助你根据声波的频率来区分不同的蝙蝠种类。

- 注意观察当蝙蝠发现猎物时，发出的咔嗒声是如何加速的。将发现报告给公民科学网站，如 iNaturalist 或 "Neighborwood Bat Watch（蝙蝠观察）"。

蝙蝠声波频率表

蝙蝠种类	常见频率
小脚鼠耳蝠	40~50 千赫
小棕蝠	40~48 千赫
北方长耳蝠	40~55 千赫
银毛蝠	22~30 千赫
三色蝠	40~48 千赫
北美大棕蝠	30~38 千赫
赤蓬毛蝠	35~45 千赫
蓬毛蝠	20~25 千赫

倾听其他动物和树木

树木之歌

下一次玩拼词游戏的时候，你可以选择一个很棒的词 psithurism，它的意思是风吹过树木，树叶摩擦时产生的沙沙声。测试一下可以通过倾听风吹过树梢时发出的声音来识别树的种类。你想拥有这种能力吗？

- 你可以先拿一棵北美乔松（white pine）测试一下。北美乔松柔软的长针总是 5 根一束，容易辨认。有一种记忆方法是，北美乔松英文里的 white 有 5 个字母，而它恰好就是 5 根一束的。

- 坐在树枝下，专心感受风吹过的声音。你可能听到一种轻柔的嗖嗖声，这是风吹过松树的特征。风吹过橡树和枫树的叶子时沙沙作响，更像是在叽叽喳喳。杨树会不停地颤抖，而灌木丛则像在窃窃私语。

- 拿出一个记事本，记录你所遇到的每种树的音色。试着记住这些独特的声音。使用野外指南手册或 PlantSnap[一]等应用程序来帮助你识别不认识的树木。

- 在刮风的日子里，倾听风拨弄树叶、摇动树枝而带来的轻柔的交响乐。在大自然中，如果我们肯花时间停下来，倾听并享受，就能感受到音乐无处不在。

[一] 中国较为常用的植物识别软件为"形色"和"花伴侣"。——译者注

树木也会歌唱

树木的"心跳"

我们往往忘记了,城市公园和学校里那些高大的树木也充满活力!春天,树液从根部上升到树干,再流到每根树枝的顶端。树液的养分帮助树木长出树叶。当树液沿着树干向上移动时,你可以像倾听自己的心跳一样,听到树液发出的潺潺声、爆裂声和飞溅声。早春,树液刚刚开始上升,是倾听的最佳时机。木质较硬的树往往听得比木质软的树更清楚。

- 要聆听树液上升发出的声音,尽量选择枫树、桦树或樱桃树。

- 找一株直径超过 6 英寸(约 15.2 厘米)但不太大的树(如果树皮太厚,可能听不到任何声音)。

- 你需要一个听诊器,可以选择购买新的,也可以买一个二手的。

- 将听诊头放在树干上,保持静止。有时候你可能需要不断移动听诊头,直到找到一个声音听起来最清晰的地方,然后,就开始享受一棵树在漫长的冬季休眠后醒来时那旺盛的生命之音吧!

树木的"心跳"

鸟鸣声声

当一个朋友说在森林里他可以通过叫声把鸟吸引过来时，我持怀疑态度。"不可能吧？"我反问道。鸟类是怕人的。我觉得不可能人类想让鸟过来，鸟就会过来。

他面带微笑，眼睛里露出一丝顽皮狡黠的目光，说："看看我的本事。"

我们站在橡树和枫树的树冠下，他抬起头，紧咬嘴唇，发出一连串奇怪而响亮的"噼噼"声。他每秒钟发出好几个短音（pish, pish, pish），重音在 P 上。我疑惑地看着他。然后他把嘴贴着手背继续发出那样的声音。他在搞什么鬼？我想，他肯定需要去看心理医生。然后他叫我站着不动。我照做了。

这时候，鸟儿开始飞过来了。先是黑顶山雀，接下来是白胸䴓和红胸䴓。森莺、啄木鸟，甚至还有其他鸟类都飞过来看发生了什么事。几分钟后，我们身边来了 60 多只鸟。有些山雀离我们只有几英尺[⊖]远！我的朋友是怎么做到的？

他使用的这种呼叫声是被观鸟者称为"pishing"的秘密武器。这种方法对小型鸣禽尤其有效。只需要深呼吸，并在呼气时快速重复"pish"的声音。你可以自己试一下。有时候，人们可能会奇怪地看着你，但当鸟儿真的开始飞过来时，他们会对你佩服得五体投地。

- 如果在森林里听到了黑顶山雀的叫声（它们有着独特的"chick-a-dee, chick-a-dee"叫声），那么你可以站在枝叶繁茂的树旁。当有足够的遮挡时，黑顶山雀会感到更安全。

- 在使用"pishing"方法时要保持静止。一开始，每隔几秒钟就发出大声的"pishing"。

黑顶山雀

⊖ 1 英尺约等于 30 厘米。

连续叫几分钟，然后在鸟开始飞过来时降低音量。你也可以将嘴巴贴近手背或手指，发出类似的声音。黑顶山雀和䴓特别容易被这样的声音吸引，如果你肯耐心等待的话，其他鸟类在被呼唤后也常常会出现。如果你看到鸟最后几乎要飞到你身上，也不要感到惊讶。

- 据说，鸟类对"pishing"声有如此强烈的反应是因为这种叫声听起来类似于黑顶山雀的斥责声。而当这里存在潜在威胁，比如有猫头鹰出没时，黑顶山雀就会发出这种叫声。别的黑顶山雀和其他鸟都会被这些声音所吸引，因为它们很好奇，想对这种潜在的威胁一探究竟。

- "pishing"叫法在任何季节都可以用，但似乎在秋冬季节效果最好。

如何听音辨鸟

在薄雾弥漫的早晨，听到棕林鸫发出空灵的鸣唱，或者一只潜鸟的叫声在清澈的湖面上回荡，没有什么比这更能带来美妙的感觉了。每种鸟都有自己独特的声音。鸟类通过一种叫做"喉管"的特殊器官发声。喉管位于鸟类的喉咙深处，比人类的喉咙更深，就它们的体型而言，鸟类喉管发出的声音是相当大的。有些鸟甚至可以同时发出两种声音。例如，棕夜鸫可以一边鸣唱，一边发出对应的和声。

走在森林中，如果能够通过鸟类的鸣唱而识别它们，这种感觉实在太美妙了。从某种程度上说，如果能识别出鸟叫声，你就像待在一群"朋友"中间。就像听到朋友熟悉的声音一样，你也会熟悉每一种独特的鸟叫声。不必亲眼看到鸟儿，通过叫声你就知道它确实在那里。

可以通过鸟类的声音来认识它们。你要先知道，鸟的鸣唱和鸣叫是有区别的。鸣唱一般发生在春天，几乎完全由雄鸟发出。如果尝试翻译一下鸟鸣，大概的意思就是："嘿，如果你是和我同类的雌鸟，我在这里！如果你是雄鸟，退后！这地方属于我。"而鸣叫则更多用于接触和警报——雄性和雌性相互呼应或发出危险即将来临的警告。冠蓝鸦通常充当森林的守望者，如果附近有鹰或猫头鹰，它就会发出"jay, jay, jay"的叫声。秋冬季节，黑顶山雀会用其标志性的"chickeadee-dee-dee"的叫声与群体保持联系。但你可能不熟悉它的鸣唱。春天，雄性黑顶山雀向天空抬起喙，发出类似于"hey, sweetie！"（意思是"嘿，亲爱的！"）的三音节哨音。

或许这听起来很耳熟。哀鸽的哀鸣声是否听起来像"There's nothing to do"（意思是"无事可做"）？主红雀的鸣叫声是否像"Cheer, cheer, cheer, party, party"（意思是"加油，加油，加油，派对，派对"）？当然，它们并不是真的在说这些话。是节奏、韵律和音符的排列让人联想起这些。这些谐音（或记忆方法）只是我们识别鸟类独特鸣唱和鸣叫的一种便捷方式。

下面列出了一些常用的谐音来辨识北美洲的常见鸟类。

鸟鸣谐音表

鸟名	谐音记忆法	中文翻译	中文谐音
旅鸫	Cheer-a-lee, cheer-up, cheer-a-lee	加油，加油，加油	茄儿李，茄儿啊，茄儿李
红翅黑鹂	Konk-er-me	Konk-er（谐音，无实际意义）-我	空壳儿-蜜
黄喉地莺	Witchity-witchity-witchity-witch	巫婆-巫婆-巫婆-巫婆	维奇啼-维奇啼-维奇啼-维奇
白胸䴓	Wee-wee-wee-wee-wee-wee	我们-我们-我们-我们	喂-喂-喂
主红雀	Cheer, cheer, cheer, party, party	加油，加油，加油，派对，派对	茄儿，茄儿，茄儿，趴体，趴体
哀鸽	There is nothing to do!	无事可做！	贼，那挺吐渡
美洲黄林莺	Sweet-sweet-sweet-I'm so sweet	亲爱的，亲爱的，我太可爱了	思维-思维-思维-嗖思维
黑顶麻雀	Hey sweetie	嘿，亲爱的！	嘿，思维啼
歌带鹀	Maids maids bring out your tea kettle-ettle-ettle	女仆，女仆拿出你的茶壶	美德美德布英嗷油啼 咳哑-咳哑-咳哑
美洲雕鸮	Who's awake? Me too!	谁醒着？我醒着！	霍斯维克？咪兔！
横斑林鸮	Who cooks for you, who cooks for you, who cooks for you all?	谁为你做饭？谁为你做饭？谁为你们做饭？	弧库克佛油（重复三遍，尾音拖长）
北美金翅雀	Pa-chip-chip-chip – a chip for me	帕-芯片-芯片——我的芯片	帕-奇-奇-奇——奇佛蜜
美洲麻鳽	Gulp a pump	吞了一个泵	高，帕噗
橙腹拟鹂	Here; here; come right here; dear	这边，这边，来这边，亲爱的	盒儿-盒儿-卡姆瑞特盒儿；蒂尔

（续）

鸟名	谐音记忆法	中文翻译	中文谐音
冠蓝鸦	Jay-jay-jay & queedle-queedle-queedle	鸦-鸦-鸦和queedle（谐音，无实际意义）	鸦-鸦-鸦和快斗-快斗-快斗
东草地鹨	Spring of the year	春天来啦	斯普林耶儿

像"西布利鸟类"（Sibley Birds）或"云雀在线"（Larkwire）等鸟类应用程序也可以帮助识别鸟类的叫声。你要是用手机录下鸟鸣，"鸟鸣侦探"（Song Sleuth）甚至会识别出来是什么鸟。走进森林，把手放在耳朵后面，认真倾听。用纸和笔，试着想出一句话来帮助你记住鸟鸣。也可以使用《彼得森鸟鸣指南》（*Peterson Field Guide to Bird Song*）来学习所居住地区各种鸟类的叫声。"西布利鸟类"和"云雀在线"也有类似功能。从熟悉十几种常见的鸟类开始，然后每年春天都在你的鸟鸣曲目中增加一些新鸟种。

蛙类的歌声

是的，青蛙也会唱歌！它们歌唱的原因与鸟类一样：雄性要努力吸引配偶，也要为领土而战。早春，在太阳开始落山的时候，步行到附近的湿地。记得把手放在耳朵后面。你可能听到春雨蛙尖利的具有穿透效果的声音，或者斑拟蝗蛙发出的巨大颤音，你还可能听到美洲牛蛙发出的沉闷吼声或豹蛙低沉沙哑的声音。有些物种在早春就会叫，有些会迟一点。如果住处的附近有灰树蛙，你甚至在白天可以听到它们像鸟鸣一样的声音。

美洲牛蛙

青蛙的声音

青蛙名称	声音	何时鸣唱
背斑拟蝗蛙	尖利的"peep"声	早春
美洲牛蛙	深沉、共振的"rr-uum"或"jug-o-rum"	暮春或初夏
木蛙	听起来像鸭子叫	早春
青铜蛙	从喉咙深处发出"gulp，gulp"声	暮春或初夏
豹蛙	一连串的 ahhhhhh……	早春
斑拟蝗蛙	用嘴唇或舌头发出的连续性的爆破音	仲春到暮春
北蝗蛙	用舌头发出类似"click-click-click"的声音，有点像鹅卵石互相击打的声音，类似蟋蟀的鸣声	暮春或初夏
灰树蛙	用嘴或者舌头发出类似鸟鸣的颤音，持续2-3秒	
福氏蟾蜍	从鼻孔发出的类似羊叫"waaaaa"	暮春或初夏
美国蟾蜍	用嘴唇或喉咙发出的持续颤音	持续整个春季
美西蟾蜍	轻柔、快速的"peep-peep"	晚冬或初春
大盆地旱掘蟾	间隔1秒发出的短促、尖利的鼻音	暮春或初夏
大平原蟾蜍	快速重复且大声如机关枪般的颤音，持续20-30秒	暮春或仲夏
平原旱掘蟾	短促、刺耳，类似狗叫的"ouak-ouak"，有1秒的间隔	暮春或初夏
太平洋拟蝗蛙	发出类似"Krek-ek，Krek-ek，Krek-ek"声	晚冬或暮春
红腿蛙	微弱的连续5-7个音节，持续1-3秒的"uh-uh-uh-uh-uh"	晚冬或初夏
山拟蝗蛙	"Rib-it"或"krek-ek"声，随着最后一个音节在拐点上升	11月至7月（因地而异）

自然声谱图

声谱图是一种对声音的视觉呈现方式。通过这种方法,你可以关注到周围自然声音的音质和大小。这个活动需要纸和铅笔。

- 绘制一个简单的图表(见右侧)。在左边,用箭头表示声音的大小:越高意味着越响亮,越低则越轻柔。底部的箭头表示声音持续多长时间。

- 选择一个声音。比如说旅鸫的叫声。它的声音是稳步上升,还是陡然下降,还是呈波浪式?尝试在声谱图上画出声音。

- 在声谱图上画出几种自然的声音。几天后,你能通过阅读声谱图回忆起是什么声音吗?

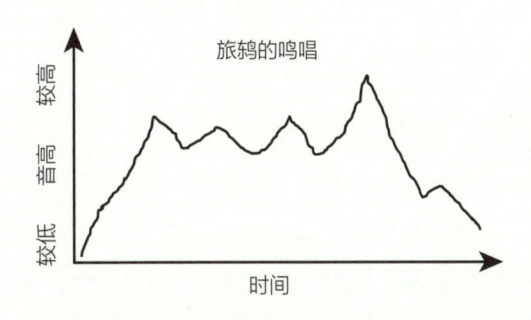

旅鸫的鸣唱

音高 较高／较低

时间

竖手指

这是一个简单的游戏,有助于你关注到自然界的各种声音。

- 让参与者坐下来,闭上眼睛。每次听到一种自然的声音时,就让参与者竖起一根手指。多听到一种声音,就多竖起一根手指。

- 几分钟后,让参与者张开眼睛,看看他们都听到了几种声音。你觉得自己能听到多少种呢?

制作橡果口哨

有一种活动，能让孩子们在寻找东西的过程中惊喜连连。橡树每年生产橡果。很多人不知道，每隔 5 年或 6 年，北美红栎和美洲白橡都会产生大量的橡果，这个年份的橡果是平常年份橡果数量的 10 倍，被称为"大年"——科学家们相信，大量的橡果有助于确保至少一些种子会生长为大树。今年是橡果的"大年"吗？

- 去本地的公园或者附近的森林看看。找到一棵橡树（大部分橡树叶子的叶缘是圆的或者有尖尖的突起）。

- 找到一颗橡果，去掉"帽子"（也就是"壳斗"）。抓住"帽子"，把双手拇指呈 V 形放在空心上（见图）。稍微弯曲拇指。

- 把嘴对准指节中间的空心处，吹"帽子"的空心。你应该能听到尖锐的口哨声。如果没有声音，试着微微移动拇指，直到听到清晰的口哨声。注意别把狗招引过来了！

啄木鸟

想想看……啄木鸟用超过自身体重 1000 倍的力量猛击树干，用锋利的喙在树干上挖洞，寻找昆虫。它们为什么不会脑损伤，甚至没有头痛？原因是它们的头骨特别强壮，加上颈部有额外的肌肉。事实上，一些啄木鸟的舌头很长（是喙长度的好几倍），不使用时，舌头会蜷缩在头骨后面。在春天，雄性啄木鸟会敲击树干，来吸引伴侣并建立自己的领地。使用可以产生共振的物体，如死去的空心树、树桩或原木，甚至铝槽，啄木鸟创造了一种能够快速重复声音的独特模式。不同啄木鸟的敲击模式也不一样。

啄木鸟的敲击游戏

这个游戏可以在开阔的林地玩，城市公园里也能够找到合适的地点。

- 你需要 2 根直径 3/4 英寸（约 2 厘米），长约 18 英寸（约 45 厘米）的木棒或 2 根粗棍子，至少有一半的参与者要使用它们。

- 打印 2 份下一页的啄木鸟卡片并分发。确保这些卡片是成对分发的（如两张长嘴啄木鸟、两张黄腹吸汁啄木鸟）。每对卡片要对应一名手持木棒的参与者，一名空手的参与者（但这两个人应该有同样啄木鸟的卡片）。

- 在得到"开始"的信号后，手持木棒的参与者要跑开并躲藏起来。他们代表该物种的雄性啄木鸟。他们开始用木棒按照卡片上提示的方式敲击。另一只代表雌性啄木鸟的参与者要辨别和自己相匹配的声音。参与者能仅凭声音找到自己的同类吗？如果大家同时敲击，这可能会有点挑战！试试看吧。

啄木鸟的敲击游戏

长嘴啄木鸟
快速地、甚至用节奏感强烈地敲击，尽可能快地敲击 5 秒，然后暂停 10 秒，再继续。一只真正的长嘴啄木鸟每秒可以敲击 25 次！

北美黑啄木鸟
缓慢而产生共鸣地敲击，持续敲击 5 秒左右，然后暂停一下，再次开始。这种模式有点像敲门。

黄腹吸汁啄木鸟
速度较慢，类似于摩斯电码的敲击声。节奏像短，短，长，短，短，短，长，短。有时候慢，有时候快。

绒啄木鸟
快速敲击 2 秒，停 3 秒，再重复。

树干之声

在不同密度的木材中，声音的传播速度也不一样。

- 使用上次活动中的木棒或棍子，一个人站在木质较硬的树干（如枫树或橡树）的背面，将耳朵靠在树干上。让另一个人用木棒或棍子从另一边敲击树干。

- 换一种木质较软的树，如雪松或者铁杉。尝试不同尺寸的树干。木质的软硬、树干的粗细对声音听起来有影响吗？有可能通过声音辨别出不同的树种吗？

- 如果你在森林里发现一棵很长的倒木。小心地把耳朵靠近较细的一端，然后请别人在较粗的一端用木棒敲击或者摩擦。声音能够顺着树干传过来吗？当有动物开始爬树时，鸟类经常能够听到下方很远处传来的爪子刮擦树皮的声音，声音正在提醒它们危险即将来临！

敲击树干

追踪游戏

这里有一些游戏可以帮助你安静而专注地穿过树林。追踪或安静地行走需要一些练习，但一旦掌握了这些技巧，相比于漫不经心地漫步，你会在树林里听到更多的声音。我们的祖先在远古时期就知道如何巧妙地追踪猎物，只有尽可能地靠近猎物，才能成功狩猎。

单人追踪游戏

- 把双手放在膝盖上，稍微下蹲。通过这个姿势，在走路的时候随时可以安静地停下来。把身体的重量放在后边一条腿上。现在迈出一小步，将重心放在前脚的脚趾上。在把全部体重压上去之前，确保不会踩在松脆的叶子或干棍子上。
- 将所有重量转移到脚趾上，沿着脚外侧和脚后跟前移。另一只脚也要这样做。小心地迈出小碎步。一个好的追踪者需要很长时间才能移动150英尺（约50米），但他们不会发出任何声音。
- 在各种自然环境的地面练习：草地、森林和石头路。当掌握了窍门后，可以试试下面的追踪游戏。

团体追踪游戏（适合 5 人及以上）

- 让两名志愿者蹲在地上，蒙上眼睛，面对面，相距 15 英尺（约 5 米）。

- 一次出一人，挑战者在蒙着眼睛的志愿者之间安静地走过。如果志愿者听到声音，他们要准确地指向声音的来源。如果有人指对了，这名志愿者就必须坐下。

- 有多少人能够成功地从两名志愿者之间穿过？

　　这个游戏还有其他玩法：

- 参与者面朝内围成一个周长约 30 到 45 英尺（约 10 到 15 米）的大圆圈。一名志愿者坐在中间。将他眼睛蒙上，在他面前和旁边放一些小棍子（冰棍棒就很好用），数量要足够所有人使用。

- 让围圈的参与者悄悄走进来，拿走棍子。一旦在圈中央的志愿者听到声音，他就要指出声音的方向。如果他指对了，被指的人就必须走出圈子。有多少人能够成功地偷走棍子呢？

鼓点追踪

这个游戏需要一面鼓或者两根互相敲打能发出响声的棍子。

- 让一名志愿者隐藏在森林或树林中，扮演猎物。其他参与者扮演猎人，必须用手碰到他才算抓住猎物。

- 志愿者必须每隔 10 秒敲击鼓或者棍子。他可以自由移动。参与者只能通过声音的来源来判断猎物的方位。如果志愿者看到有人过来了，他就要指向对方。被指的人必须离开猎物至少 15 英尺（约 5 米）远。这样的狩猎能成功吗？

追踪游戏

发声器

自然界万事万物都有其独特的声音。当走路的时候，听听脚下发出的各种声音，如树叶的沙沙声、泥土的吱吱声或落雪的簌簌声。这里有一个简单的游戏，可以帮助你欣赏不同的自然声音。

- 找一些有盖子的小容器（小酸奶瓶就行），装进一些能发出声响的自然物，然后把容器蒙上。

- 这个活动需要偶数的人参与（如果多出一人，可以让他当裁判）。

- 给每人一个小容器。每两个容器里装相同的材料，填得半满就行（这样当摇晃它们时会发出声音）。有一些建议，你可以选择用它们填充：水、沙子、鹅卵石、含有大量水的松散泥浆、小石头、树枝、干豌豆、橡果（如果有的话）、枫树果实等。可以随意地即兴创作，只要每对瓶子都能发出独特的声音。

- 把参与者分成人数相等的两组。确保成对的发声器都各自分到了每一组里。

- 让两组人在相隔15英尺（约5米）的平坦地面站立，在公园里即可。

- 让参与者戴上眼罩。发出信号后，每组成员都摇动手中的发声器，慢慢走向对方。提醒大家要小心，不要撞到别人。大家能够仅仅通过声音就找到和自己配对的人吗？

让参与者猜一猜手中的发声器里装的是什么。大家能猜出来吗？让参与者描述一下发出的声音。这些声音会让他们想起某种在自然中听到的声音吗？例如，盛水的容器可能让人想起冒泡的小溪，摇晃的鹅卵石可能让人回忆起暴雨，沙子的声音或许可能会让人想起阳光明媚的海滩。

发声器

群狼嚎叫

许多动物用声音来定位同类。狼嚎就是一个很好的例子。令人惊讶的是,狼的叫声能传至远达 6 英里(约 10 公里)处。在这种令人脊背发凉且难以忘怀的声音中,含有许多信息。狼嚎叫的原因和人们唱歌或叫喊的原因是一样的。它们号叫着让对方知道自己的位置。它们的嚎叫有时是向其他狼群发出警告信号,说:"远离我们的领土。"叫声也可能会被用作狼群相遇的信号。雄性可能会通过向雌性吼叫来展示它们的健康和力量(音调越低,越能引起共鸣的声音,表示狼的个头越大,也越健

狼嚎

康）。狼经常成群结队地嚎叫——它们的声音协调一致，这可能会迷惑其他的狼，使其觉得自己遇到了一个数量很多的狼群。

想尝试发出真正的狼嚎吗？你需要8个以上的参与者。

- 选择一个大嗓门的人作为活动的开始。他是头狼，其叫声经常会引起整个狼群的嚎叫。让他先深吸一口气，发出原始的嚎叫。

- 再选择一只二号狼加入。试着用一致的音调——或者用稍微不同的音调咆哮。

- 让一半的人加入进来，用不同的音调嚎叫（听起来像更多的狼）。最后，让其他的人装作小狼加入进来。小狼的声带还没有完全发育好，所以听起来更像"吱，唔，吱，唔，唔……"。继续嚎叫一分钟左右。

感觉怎样？没有什么比嚎叫疗法更能帮助你克服一天中的紧张情绪了！你刚刚创造了一个逼真的群狼嚎叫表演。

在视频网站上搜索狼的叫声，比较一下你和伙伴的叫声与真正狼群的叫声。

自然音乐

自然界充满了各种各样的声音，每一种物质都有其独特的音质。想想棍子互相敲击或者水在碗里晃荡的声音，还有那些更细微的，脚踩树叶的沙沙声或雪的嘎吱声。

- 参与者在这项活动中只收集自然声音，并将其按顺序排列使用，从而创作出一首音乐作品。例如，一个人可以有节奏地来回踩落叶，接下来一个人可以敲击棍子，然后另一个人可以敲打石头。音乐作品应该有开头、中间和结尾。试着把不同的声音叠加在一起。

- 在展示之前多练习几次。你们能为这首音乐作品起个有创意的名字吗？比如说《森林赋格曲[一]》、《草地旋律》或《松树拨奏曲》。

阅读自然音乐

这是一个为那些能阅读乐谱和演奏乐器的人准备的活动。

需要两根杆子和足够的绳子来制作乐谱。5根绳子各相距约6英寸（约15厘米），两根竿子相距大约8英尺（约2.4米）宽就可以了。

- 从卡片上剪下一系列音符，并在每个音符的背面别上别针。

- 把"乐谱"摆放在一棵树枝低垂的树前。无论树枝在哪里和"乐谱线"相交，都要在那里放一个音符。

[一] 一种音乐术语，主要特点是相互模仿的声部以不同的音高、在不同的时间相继进入，按照对位法组织在一起。

- 使用乐器，阅读音符，并演奏这首自然的音乐。

- 把"乐谱"转移到其他地方。每当有一段音乐真正能引起你的共鸣时，拍下这些音符的照片——并将这些音符作为主题，创作出一首更长的音乐作品。

或者尝试这么做：

- 使用一张空白的乐谱纸。在外面坐下，看看地平线。在纸上画出陆地和天空交汇处的那道弧线。

- 每当弧线与五线谱上的线相交，都放上一个音符。可以选择你喜欢的任何类型的音符。

- 现在演奏这首受蜿蜒的地平线启发而创作出的乐曲，这是陆地和天空在向你歌唱。

自然音乐

四季可玩的声音活动

- 春天,听听融化的溪流产生的美妙交响乐——冰雪融化后的潺潺声、飞溅声和欢快的声音。下雨时,注意雨水溅到灌木丛和树木上,甚至拍打你的雨伞时发出的声音。

- 在黎明时倾听美妙的鸟类合唱,在晚上倾听欢快的青蛙交响乐。

- 夏天,注意风穿过树林、灌木丛、草地和湖面发出的不同声音。专注于海浪拍打海岸的声音。闭上眼睛,你能通过听来想象每一个波浪的大小和形状吗?

- 听听昆虫合唱的嗡嗡声、唧唧声和咔嗒声。

- 秋天,听听脚下树叶的嘎吱嘎吱声。声音在森林的不同区域是如何变化的?

- 听听冠蓝鸦和黑顶山雀的叫声,留心一下,为什么现在鸟叫声少了?

- 冬天,当天气刚开始变冷时,试着听听冰的声音。轻轻敲击冰柱,会听到独特而细腻的叮当声。冬天湖面结冰时,会产生隆隆声、呻吟声和爆裂声。当大片的水面开始结冰时,你可以听到嗡嗡声,这让人想起《星球大战》中使用的激光。

- 请注意,在下了一场新雪之后,周围的声音就会变得更加低沉。雪能吸收声音,在冬季暴风雪过后,有一种柔软的寂静,既平静又舒缓。如果有风,就去听吱吱作响的树枝发出的音乐。

- 听听脚下的雪声。天气越冷,积雪就越响。在低于 $-11℃$ 的温度下,你真的可以听到踩雪时吱吱作响的声音。这是由于当我们踩到细腻的冰晶时,它们会破裂并脱落。当天气变暖时,来自脚的压力会导致雪晶体弯曲融化。

看看自然

对大多数人来说，世界由丰富的色彩、形状和纹理编织而成。我们通过视觉感知周围世界 80% 的信息。眼睛主导着我们的感官体验。

对于那些视力受损的人，有研究表明，大脑可以做出调整，将更多的区域分配给大脑中负责处理其他感官的功能，如听觉和嗅觉。

一些人类学家认为，数千年前，当人类试图理解周围复杂的视觉环境时，逐渐演化出了抽象的思维能力。我们的祖先靠颜色来判断水果是否成熟到可以食用的程度，并根据颜色获得特定植物是否有毒的线索。今天，在这个快节奏、技术饱和的世界里，我们盯着彩色屏幕与环境互动。我们花在电脑、智能手机和电视机上的时间几乎比任何其他消遣都多。

"看见"的概念是一个深深植根于我们语言中的隐喻。当理解事物时，我们会说"我明白了"（I see）；当需要证据时，则可能会说"眼见为实"或"自己去看看"。我们认为是所见决定了自己的观点或看问题的角度。正如马塞尔·普鲁斯特（Marcel Proust）所说："真正的探索之旅不在于寻找新的风景，而在于拥有新的眼睛。"有远见意味着清楚地认识到世界应该是什么样子。视觉是我们想象中不可或缺的一部分。我们的梦境沉浸在视觉意象中，我们通过所见来理解世界。

我们的视觉系统

看看鹿的眼睛。你注意到它的眼睛在头部的两侧了吗?这是典型的被狩猎者的眼睛,因为鹿是猎物。鹿的眼睛向外凸出,这样可以优化视野,甚至可以注意到最细微的动作。相反,你和我有着捕食者的眼睛——就像鹰一样。我们的眼睛是用来判断距离和深度的。我们有立体视觉,可以观察物体并准确追踪它在空间和时间上的位置。但我们需要两只眼睛一起工作才能有立体视觉。

试一下,双手自然握拳,食指伸直,指尖相对。闭上一只眼睛。现在,把指尖慢慢靠拢,看看你是否能准确地让它们碰到一起。然后再睁开两只眼睛试一下。用两只眼睛更容易做到这一点,对不对?这是因为现在你已经获得了对深度的感知,或者说辨别物体有多远的能力。由于与物体之间的角度

鹿的眼睛

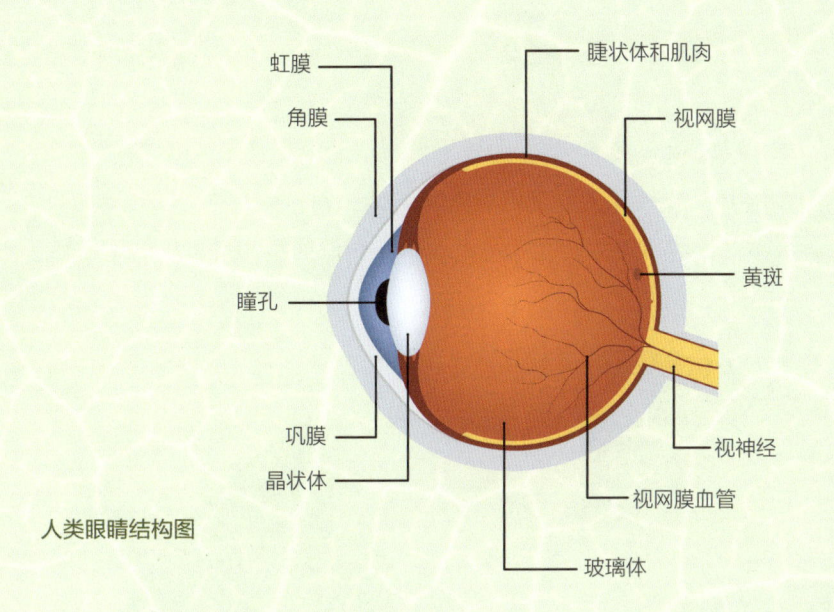

眼睛结构图中的标注：
- 虹膜
- 角膜
- 瞳孔
- 巩膜
- 晶状体
- 睫状体和肌肉
- 视网膜
- 黄斑
- 视神经
- 视网膜血管
- 玻璃体

人类眼睛结构图

不同，每只眼睛提供的信息略有不同。大脑能处理这些信息并帮助我们判断距离。再进一步挑战自己，试试用两只手各拿一枚硬币，让它们的边缘碰到一起——闭上一只眼睛试几次，再睁开两只眼睛试试，看看效果有何不同。

我们眼睛的工作原理简直是个奇迹。光从物体（比如树叶）反射到我们的眼睛里。光通过角膜传播并进入眼睛，角膜是一种保护膜，可以防止污垢、细菌和其他异物污染眼睛。虹膜包围的瞳孔基本上是一个洞，它控制着进入眼睛的光线量。特殊的睫状肌可以调节晶状体的形状，帮助我们聚焦。距离较远的图像会导致晶状体变薄，距离较近的物体会导致晶状体增厚。叶子的图像最终出现在我们眼睛后部，令人难以置信的是，这个成像是颠倒的。这是因为光线穿过视网膜的弯曲表面，到达一个充满光感受器的区域（视杆和视锥）。我们有600多万个视锥，它们的形状像小矮人的帽子，可以分别检测到不同波长的红色、绿色和蓝色。这些颜色的混合产生了我们在周围世界所看到的令人难以置信的色彩。还有1.25亿个视杆会帮助我们进行夜视，它们对光很敏感，但不能检测到颜色。然后，叶子的图像通过神经脉冲沿着视神经从光感受器直达我们的大脑。大脑会解读这些信息，并再次将图像翻转。这一切多酷啊！

季节色轮

每个季节都有其标志性的调色板。夏天是深红色、蓝色、白色和黄色的季节。秋天，金色、黄色、红色和橙色的色调吸引了成千上万的人，见证树叶的戏剧性颜色变化。冬季的色调是白色、灰色、深绿色（针叶树）、棕褐色和棕色。

春季季节色轮

看看自然　047

人们往往想把所有的颜色都统一成一种颜色。那整片森林看起来可能只是一片绿色。但是，把一片叶子或一片草放在色块旁边比较时，你就会真正意识到有多少种色彩。这里有一个活动可以帮助你捕捉到自然界中各种各样的颜色。

夏季季节色轮

- 彩色复印本书中提供的季节性色轮。
- 为每位参与者提供一小袋夹子。
- 参与者能在自然界中找到与这个色轮上的颜色完全匹配的东西吗？这里有与自然界中的实际物体相对应的颜色。你身边的自然物颜色与内轮的颜色有多接近？如果能

秋季季节色轮

看看自然 049

找到匹配的颜色，用夹子将自然物夹在这个地方，代表你找到了它。

- 这个活动四季都可以玩。
- 也可以看看是否能够从油漆店获得一块漆样板。在自然界中能发现多少种漆样板上的色彩？你发现了哪些季节性的颜色？

冬季季节色轮

海盗之眼

我们看到的颜色，真的是事物本身的颜色吗？

- 找一个安静的、有丰富色彩的地方。

- 闭上一只眼睛，并用一只手遮住它，然后用另一只眼睛盯着一个地方看。

- 3分钟后，进行交换。遮住另一只眼睛，换原来被遮住的眼睛观察。反复做几次。你发现了什么不同吗？两只眼睛看到的物体的颜色变得完全不一样了。

- 这是因为当你闭上眼睛时，瞳孔（眼睛中间的黑点）扩张了——变得更大了。当你再次睁开眼睛时，这只眼睛看到的世界更明亮了。另一只瞳孔相对较小的眼睛中的世界会显示较暗的色泽。那么，哪只眼睛看到的是我们周围世界的真实色彩呢？

- 你认为所有人的视力都是一样的吗？人类可以区分两三百万种颜色。许多昆虫，比如蜜蜂，可以看到人类可见光谱之外的光线，并能探测到紫外线。花的图案和颜色在蜜蜂眼中和在人眼中完全不同。例如，紫外线常常会在花瓣上显示出条条纹，这些条纹能引导饥饿的蜜蜂找到花蜜。

海盗之眼

动物的伪装和反荫蔽

我工作的地方附近有一片美丽的自然区域。没有什么比探索这片区域更让我喜欢的了。有时，我会不走通常的小径，而去寻找我从未去过的地方。正是在这样探索树林的过程中，一次我听到了巨大的扑棱翅膀的声音，一只毛茸茸的披肩榛鸡在我脚边腾空而起。然后，它开始表演翅膀受伤的把戏，把一只翅膀拖在地上，让人觉得它受伤了。我知道它这样做是为了吸引捕食者远离它的巢。果不其然，我仔细搜寻，发现了它在地面上树叶繁茂处搭建的巢，里面依偎着十二个有斑点的奶白色的蛋。我本来既没有看到披肩榛鸡，也没有看到它的蛋，因为它伪装得太完美了。它一直一动不动，直到我靠得很近。它在原地静止不动，那身棕色、黑色和棕褐色的羽毛可以帮助它隐身在背景中。但当它觉得有危险时，就会从地面上跳起来，尽量转移我对蛋的注意力。

许多动物会用伪装来保护自己，即使用颜色和图案来帮助其隐藏自身。它们完全静止时，隐藏的效果最好。这就是为什么你会注意到一只动物经常停下来不动，然后在感到安全的时候再次移动。

自然界中有很多伪装的例子，从青蛙斑驳的绿色到飞蛾翅膀上锈褐色的图案。动物也使用反荫蔽来进一步保护自己。从下往上看，动物的颜色会淡一点。看看青蛙或白尾鹿的肚子，呈现明显的苍白色。当光线落在三维物体上时，自然而然地，物体的顶部看起来更亮，底部看起来更暗。动物通过反荫蔽反过来有助于抵消这种反差，它让动物的形状和色泽更融入周围的环境。

还有拟态——竹节虫就是一个很好的例子。动物模仿其他事物的形状和颜色来隐藏自己。从模仿鸟的粪便到模仿捕食者的眼睛（当天蚕蛾的后翅张开时，它们会露出一个

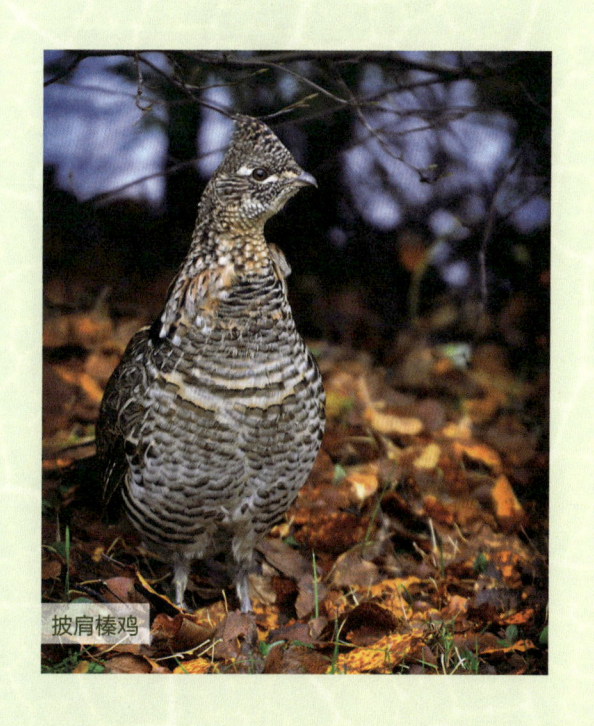

披肩榛鸡

椭圆形，这让人想起猫头鹰的眼睛），昆虫、鸟类和哺乳动物模仿其他东西进行隐藏和欺骗的方式有成千上万种。它们的生存依赖于以假乱真的伪装！

动物伪装游戏

- 彩色复印 052，053 页的动物彩图，如果方便的话，最好进行塑封。
- 到附近的一个绿色空间，如公园、校园或者后院。
- 给每 2 个参与者一张动物彩图，规定游戏区域。

伪装的动物

- 让一个作为寻找者的参与者闭眼，另一个作为隐藏者，找一个地方把动物图藏起来。隐藏者要好好想一想，什么样的环境最适合这种动物隐藏。也许野兔适合在灌木丛下，蟾蜍适合放在落叶堆或者干草堆里。
- 让寻找者在规定的时间内找到隐藏的动物。互换角色再玩一次。如果时间充裕，大家还可以交换动物卡片接着玩。

伪装的蛋

仔细想想，鸟蛋其实是一个美丽的事物。在这个脆弱的容器里，孕育了新的长有羽毛的生命。鸟蛋的形状、大小和颜色多种多样，令人惊奇。但无论它们看起来是什么样子，有一个显而易见的事实值得一提——蛋是会滚动的，但能滚动的蛋并不安全。每只雌鸟都要面临保持蛋的温暖和安全的挑战，这就是它们要筑巢的原因。有时，它们会精心筑巢，就像橙腹拟鹂编织的悬挂巢；有时，巢又非常简单，如双领鸻的巢，就是地上的一个浅坑。崖海鸦等在悬崖上产蛋的鸟类，产下的蛋都是尖头的。这样，如果这个蛋滚动，它将滚出一个半径更小的圆圈，而不是从悬崖上掉下去。

许多在地面筑巢的鸟类依靠伪装来保护它们的蛋。通常，它们会模仿所在的微栖息地环境。例如，双领鸻的蛋上有斑点、条纹和斑块，这样可以模仿周围的植被和岩石。蛋有两种主要的色素，这些构成了蛋惊人的颜色和图案的多样性。红棕色来自一种名为原卟啉的色素，而胆绿素则能产生蓝色和绿色。通过调节每种色素的沉积量，每只雌鸟都会产生独特而多样的蛋体颜色和图案，这让它的蛋区别于其他鸟的蛋。

双领鸻的蛋

制作一个伪装的蛋

- 你需要一些煮熟的鸡蛋，确保每位参加者有一个，还需要马克笔和彩笔。

- 在网上查找蛋的照片，了解蛋的图案和花纹。让参加者按照所找的照片给鸡蛋上色。

- 就如动物伪装游戏那样，让一个人闭上眼睛，另外的人去藏蛋。藏蛋的地方要尽量和所画的蛋颜色相匹配。

- 交换角色再玩一次。之后可以把蛋剥壳吃掉，注意别让颜料弄脏你要吃的部分。

人造的伪装的蛋

雕刻大自然

大自然中艺术无处不在。安迪·高兹沃斯（Andy Goldsworthy）深知这一点。他是一位杰出的艺术家，擅长用天然材料创造鼓舞人心的艺术作品。他会在秋天用荆棘钉上彩色的叶子，让光线透过。他也会用相互缠绕的树枝创造出美丽的球形物体。他甚至曾将冰柱连接起来，创造出一颗冰冻的星球。高兹沃斯所使用的材料均从自然界中收集，所有的作品也均采用手工操作，不借助任何工具。他会为作品拍照留念，然后让作品回归大自然。

自然雕塑

自然雕塑

你也可以制作一个美丽的自然雕塑。按照以下步骤：

- 寻找一个人类活动较少的自然区域。

- 如果可以的话，看看安迪·高兹沃斯的艺术作品，从中获得一些灵感。可以在互联网上找到很多例子。

- 负责任的采集很重要。如果你打算采摘一些东西——比如野花或一小段常青树枝——注意，只从一个区域采一点为创作做准备。千万不要采摘整株植物。或者简单地说，只使用枯枝落叶来制作雕塑。

- 反哺自然。我经常随身携带种子并将其种植下去，以此作为回馈环境的一种方式。

- 两到三个人为一组，创作一个自然雕塑，要考虑其图案、颜色、形式、质地、形状。它可以平放在地上，也可以竖立着，或者挂在某物上。

- 让参与者为其作品命名。

- 为每件作品拍张照片。

- 接下来做一场艺术展，参观各种雕塑。带上一小杯葡萄汁（成年人可以使用葡萄酒），细细品味自然的形态之美。

- 把艺术品的材料回归自然。与他人分享收获。

自然相框

有时候，只要把自然世界的一小部分区隔开来，你就能以一种完全不同的方式看待它。试试这个摄影师过去常用的技巧。

- 伸出一只手，手心朝外。将手掌以手腕为轴心向内转，拇指朝下，剩余四指并拢。伸出另一只手，手心朝向自己，拇指朝上，剩余四指并拢。将你的两只手连接在一起，这时候你应该可以看到用双手搭建的框架。

- 闭上一只眼睛，通过手搭框架环顾四周，看看自然界中哪些东西真正吸引你。

- 找到一个可能会吸引你的地方。比如草地和林地的交界处、蜿蜒的山坡或曲折的小径。

- 带上一些绳索、麻线或细绳、一些空相框和一些衣夹。你可以拿一个纸箱，用一把美工刀和一把尺子，剪出一个 1 英寸（约 2.5 厘米）宽边框的框架，这样就制作了一个简易的相框。一个 12 × 12 英寸（边长约 30 厘米）的相框就够了。你也可以去本地的油漆店要一些木制油漆搅拌棒。简单地将四个搅拌棒粘在一起或钉在一起，做成一个正方形——现在你就有了可重复使用的相框了。

- 在各种能吸引人的地方，将绳索、麻线或细绳系在眼睛视线的高度。

- 让参与者在吸引到他们的地方，用两个衣夹把相框挂在绳子上。当他们选择了自己认为完美的位置时，为作品取一个名字。

- 也可以简单地将相框钉在树枝上，或将相框放在地上。还可以将相框朝向天空，这样就可以将云朵框起来。

- 举办一场艺术展，让大家都有机会看到彼此的创作。

自然相框

自然观赏节

欣赏一朵花的花瓣展开是多么美妙的事情啊！在许多国家，人们都会举行赏樱节。大家喝着美酒果汁，品赏着美食，坐在那里看着温暖的春日里，樱花一朵一朵地绽放。有目的地、群体地观看自然界中的美丽事物，如日落或日出，可以成为一种影响深远的经历。

创建自己的自然观赏节：

- 在大自然中寻找一些可爱的东西。不一定是大的东西才美丽。也许是一小片野花，一棵形状有趣的树，一些长满苔藓的岩石，或一条小溪。

- 让参与者安静地与你同行。安排好各自的位置，让每个人都有很好的视野。有时，坐着静静地欣赏就很好。

- 如果你愿意，可以用小杯子分发美酒或果汁。慢慢地啜饮，沉浸在周围的美景中。尽情欣赏，不要着急。静静地观看自然世界，按照自己的节奏运行，看它们与我们快节奏的现代世界的狂热形成鲜明的对比。

- 投入时间、专注力和耐心，真正享受，并沉浸其中。你会感受到我们所有人都渴望的与自然之间的归属感和联系感。如此一来，你将感受到前所未有的圆满。

赏樱节

刻在我手上——掌纹

在《童年地理》（The Geography of Childhood）一书中，作者加里·保罗·纳班（Gary Paul Naban）和斯蒂芬·特林布尔（Stephen Trimble）要求我们"端详每一张脸"。他们的意思是，我们总是急于从辨识物种的角度来看待事物。我们看到一棵橡树，注意到一只黑顶山雀，发现另一只灰松鼠在公园里嬉戏。然而，我们往往忘记了同种生物中的每个生物也是一个个体。那棵特殊的榆树，树枝向外拱起，树干中间有一个大洞，它高耸在一块岩石上，主干分叉的正上方有一道闪电般的疤痕——这棵榆树在地球上是独一无二的。它很可爱，很独特。就像你一样。就像自然界中其他生物一样。

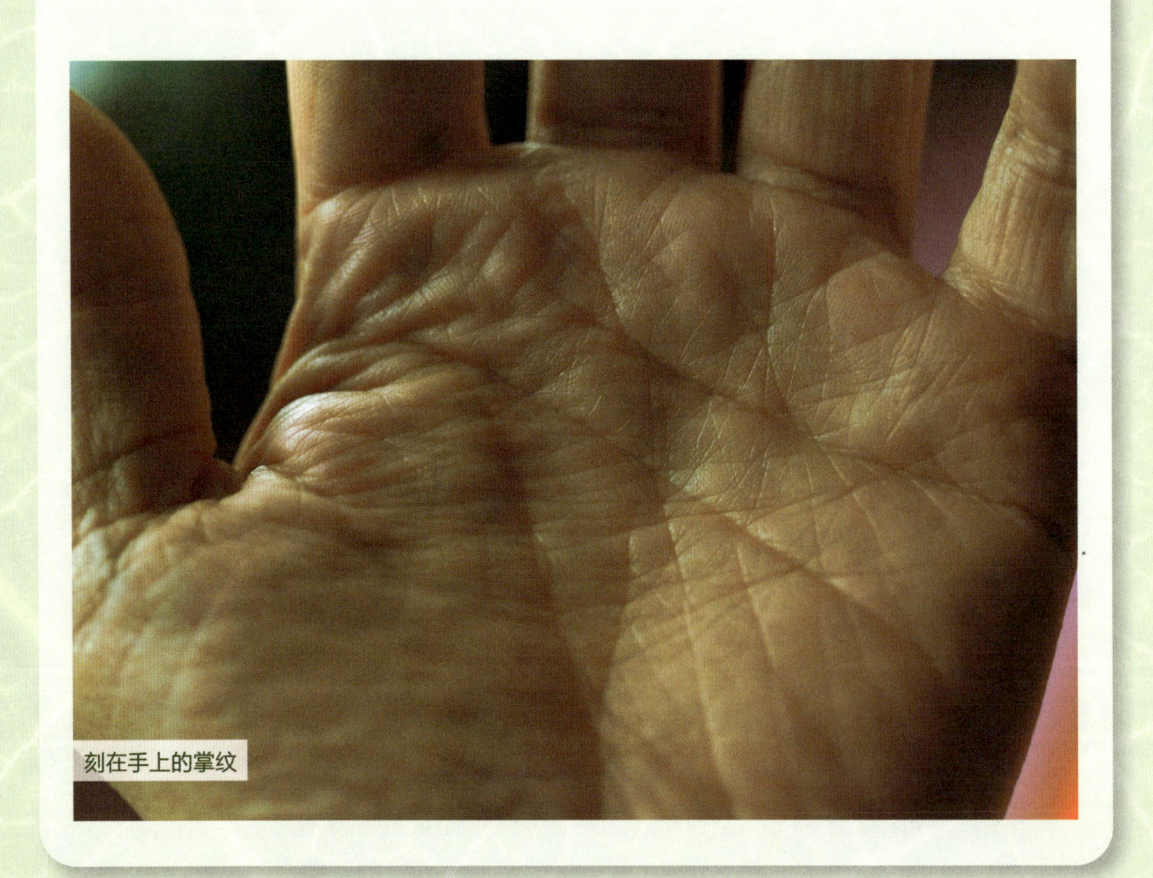

刻在手上的掌纹

- 为了让参与者欣赏到每个生物的个性，请选择一棵大树，树下有空间能够允许参与者躺下来。
- 让每个人仰面躺着，形成一个头部相聚、双脚朝外的圆圈。让大家抬头凝视着树冠。
- 让所有人端详自己掌纹。注意，它们看起来是不是很像树枝？
- 参与者能在大树的枝条中找到一处与手掌上这些纹路布局完全匹配的地方吗？
- 把大家聚拢在一起，让每个人指出他们发现的像自己掌纹的枝条。这是属于他们的枝条——如他们自己一样，是特殊的、独一无二的。

诗歌树

- 让参与者思考与他们在成长过程中有特殊关系的一棵树或一个生物。
- 为了进一步加强他们与这棵树的联系，鼓励他们创作一句诗来表现这些经历。告诉他们这就是"诗歌树"活动。
- 把创作的诗句连起来，并分享。

这是我写的一首诗。

枝条横扫
是绿色、蓝色和棕色的结合
阳光、天空和大地的甜蜜触摸
想象一下，一只绿色的手在空中伸展
将生命聚集于下面的一切
你能想出什么样的诗句？试试看。

地下室之窗

世界上发生的许多事情都是看不见的。这是因为有一个神奇的地下世界,到处都是小型的龙、在土壤里潜行的潜艇和能变形的怪物。你所要做的就是去窥探!要发现这些特殊的地方,只需进入森林探险。如果有条件,在去之前,给每个人提供一个放大镜和一个小容器(玻璃罐、酸奶瓶或虫子罐)。

- 让参与者小心地举起一块石头或一根木头,然后往下看。这些是通向地下世界的窗户。你可能很幸运地发现了一条蝾螈(看起来有点像一条很小的龙)或一条肥硕的蚯蚓(这些蚯蚓能像潜艇一样深入土层)。你甚至可能会看到鼠妇,这是一种微小的甲壳类动物,当它受到威胁时会卷成一个紧密的球,像一个变形怪物。你能找到什么样的神奇生物?它们都是什么?它们又是如何帮助维持健

地下室之窗

康和多样化的森林生态系统的？

- 你能发现"树维网"㊀吗？寻找那些微小的丝线，即包裹在树根中和树根周围的真菌有机体的细丝。这种"菌根网络"有助于在树木之间传输水、氮、碳和其他矿物质。树木可以通过这些菌根网络相互"交谈"。

- 蚯蚓可以帮土壤充气，让土壤疏松，并通过其建造的"城堡"（蚯蚓粪便）为土壤提供营养。成千上万的真菌、细菌、马陆和鼠妇分解树叶、树枝和木材，这有助于创造肥沃的土壤。许多甲虫及其幼虫是哺乳动物、两栖动物和鸟类的重要食物来源。

- 如果可以的话，让每个人都小心地把他们发现的小动物放到一个容器里。

- 让每个参与者面向内坐成一圈。发出指令，让每个人同时向右传递他们的容器。提出一个问题（可参考右侧所列），然后再把小动物传给右边的人。连续这么做。以下是一些示例问题，也可用你自己想出来的问题。

    - 你手里的小动物是如何移动的？
    - 你能看到它在呼吸吗？
    - 昆虫有复眼（或许多小眼睛聚在一起成一个大眼睛）。你能看到小动物的小眼睛吗？
    - 检查小动物的口腔。你认为它吃什么？它是用来咀嚼（比如蚱蜢）、用来吮吸（比如蚊子）、用来舔（比如家蝇）还是用来咬（比如鹿虻）？
    - 你手里的小动物身体有多少个部分？真正的昆虫有头、胸部（中间部分）和腹部（胃）。蜘蛛身体只有两个部分，因此不是昆虫（它是蛛形纲动物）。
    - 你的小动物伪装在环境中了吗？想想你在哪里找到的。
    - 你手里的小动物如何保护自己？
    - 你认为你手里的小动物是什么？（此时最好手边有一本昆虫野外指南做参考）。

活动结束之后，请小心地把找到的虫子放回原处。别忘了轻轻地把"地下室之窗"关上，免得压扁或者伤害到你发现的生物。

㊀ 此处原文为 wood wide web，是作者从万维网（world wide web）借用而来。

夜游

认识黑暗

带着电筒在黑暗中行走，只能看到电筒。
要想知道黑暗，就去黑暗中。去看不见的地方，
发现黑暗也在绽放和歌唱，
并通过黑暗的脚和黑暗的翅膀旅行。

——温德尔·贝里（Wendell Berry）的《海龟和其他的诗歌》

晚上在大自然中的体验会有一种神奇的感觉。尝试一下夜游，但正如温德尔·贝里建议的那样，关掉手电筒，然后"去黑暗中"。

- 在一个你熟悉的区域选择一条清晰的小路，远离城市的灯光。这是一个激活视力以及其他感官的好机会。脚下潮湿泥土的气味，蟋蟀轻柔的鸣叫，凉爽的夜晚微风拂过你的脸颊，最特别的是头顶上闪闪发光的星空。

- 夜游结束时，闭上一只眼睛。划一根火柴，用另一只眼睛盯着它看 10 秒或更长

在星空下夜游

时间（不要睁开闭着的眼睛）。再把火柴吹灭。睁开闭着的眼睛，注意你夜视能力的差异。

- 闭上的眼睛保持着夜视能力，而那只盯着点燃的火柴的眼睛失去了夜视能力。你会注意到，眼睛通过对黑暗的调节，能看到更多的东西，这是一个令人难以置信的视力功能差异。因为我们的眼睛含有一种对光高度敏感的化学物质——视紫红质。在有光亮的环境下，视紫红质很快就会分解，我们的眼睛需要一段时间才能再生这种化学物质。我们的眼睛可能需要 2 个小时才能达到完全适应黑暗的视觉，但你可以在 15 分钟内获得一些夜视能力。

树的脸

人类的大脑非常善于看到"脸"，即使它们并不真的存在。下次去树林里散步时，尝试找找树上的脸。它们可能由两个当"眼睛"的结和一个当"嘴巴"的小洞组成。用小丝带标记出你的发现。其他人能够发现你所看到的"脸"吗？老柳树有很多粗糙扭曲的树干，是寻找"脸"的理想之树。也可以在岩层或森林里地面植物排列的图案中看出"人脸"。记得拍张照片并分享。

树的脸

镜中漫游

你是低头一族吗？你走路的时候眼睛只会往下看吗？当我们调整视角时，会发现看待世界的全新方式。这就是"镜中漫游"可以让你做到的。买一些便宜的镜子。给每人发一个（如果不够，也可以几人共用）。鼓励参与者在树叶或花朵的下面拿一面镜子来观察"世界的背面"。也可以沿着小路走，从镜子里观察树冠。

飞溅视觉

我们在自然中行走时，往往会将目光集中在正前方。这是有道理的，因为我们想知道是否有可能被绊倒的危险。然而，如果只关注眼前，我们就会错过后方、上方和侧面正在发生的事情。练习成为一名"全方位观察者"，使用博物学家所说的"飞溅视觉"。这意味着不要让眼睛长时间盯着一个地方。试着养成朝各个方向和时远时近的观看习惯。例如，当沿着一条视线良好的道路或小径行走时，偶尔向远方眺望一眼；不时地扫视天空；当你到达有水的地方时，寻找在水面上游泳或漂浮的深色物体（如鸭子、潜鸟或水獭）；检查树冠、枯枝和电话线上是否有鸟；也要尽可能注意你的周围。这些活动有助于你调整视野边缘。你也可以通过直视前方，但将手指放在头的两侧来练习扩大周边视野。晃动食指，慢慢地将两根手指向后移动，直到再也看不到为止。持续练习，你就能扩展自己的视野。通过练习使用眼角的余光，你可能会有惊人的发现。

飞溅视觉

微型小径

爱因斯坦曾说过:"想象力比知识更重要。想象力是灵魂的语言。关注想象力,你会实现需要的一切。"有了想象力,你可以用一种全新的视角欣赏自然世界。所以,利用想象力,把自己缩小到蚂蚁一般大小,看看会发生什么。如果你只有几分之一英寸(不到1厘米)高,森林会是什么样子?你会对哪些东西感兴趣?也许是一个有趣的彩色蘑菇,一片咀嚼过的叶子,或者是一根倒下的木头上有趣的凹槽?试试这个游戏:

- 准备10到20根冰棍棒和大约30英尺(约9米)的彩色纱线或绳子。使用这些简单的材料,创建一个微型小径。找到至少8个彼此相距不超过几步的好玩的点。你可能会在地上发现一个有趣的洞,一张蜘蛛网,或者一道动物的足迹。

- 在每个好玩的点旁边,将一根冰棍棒插入地面。用麻线将所有点连接起来,将其缠绕在每根棍子上几次,然后将绳子延伸到下一根冰棍棒上,直到所有点连接成一条长线。这条微型小径就做好了。

- 完成后,坐下来,静静地观察几分钟这条小径。然后,双手撑地,膝盖跪下,将头部紧贴地面沿着小径前行。最好是用放大镜或调焦镜头真正做到近距离地观察。带好朋友去你的微型小径,领着他们参观你的发现!

微型小径

鹰之眼

和鹰相比，你的眼睛有多敏锐？这里有一个简单的方法测出来。

- 在柱子或树上系一根颜色鲜艳的线或纱。现在向后走，走到你看不到线时停止。

- 你要走多远才能看不见它？一只鹰的视力比你好上 10 倍。换句话说，如果你在 150 英尺（约 46 米）外的地方能勉强看到那根线，鹰就可以在 1500 英尺（约 460 米）外看到它！

人体照相机

这个活动 10 至 30 人一起玩效果最好，但如果只有 2 个参与者也能玩。你需要和标准照片差不多大的纸，以及各种彩色铅笔或马克笔。

将参与者分成两组。让其中一人闭上眼睛。另一个人（指引者）小心地引导他们去大自然中美丽或有趣的地方，同时保持闭着眼睛。这些地方可以是距离很近的一朵花，或者一根奇怪地扭曲着的树枝，甚至可能是一个美丽的远景。

- 小心地让参与者坐下，眼睛仍然闭着。他们已经变成了一架人体照相机。指引者轻轻拍打他们的背，这等于是操作快门。如果双方都同意，也可以轻轻地拉扯耳垂。参与者要睁开眼睛几秒钟。集中注意力，在脑海中清晰地描绘出眼前

人体照相机

的一切。然后再次闭上眼睛，指引者引导他们返回。

- 当回来后，让参与者"冲洗"他们的照片。也就是说，他们要使用提供的彩色铅笔或记号笔，尽可能准确地绘制出刚刚在脑海中拍摄的照片。确保指引者不要提前看"冲洗"出来的图片。
- 现在交换角色，指引者成为人体照相机。确保"冲洗"出第二张照片。当每一对都完成了"拍摄"和"冲洗"照片后，将照片全部放在一张桌子上进行展览。指引者能确定"照片"是他们带参与者去的场景吗？

这是一项非常有趣的活动，旨在提高人们对自然世界中的美、纹理、图案、颜色和构图的认知。

衣夹的视角

我们往往没有意识到，大自然的变化是非常快的。当我们散步时，只会注意到眼前的事物。但要想真正了解自然世界随时间变化的速度有多快，请尝试以下方法：

- 在春天或秋天，拿一个衣夹，在上面写上你的名字。在春天把它夹在树芽上，夏末把它夹到绿叶上，这时候树叶往往即将改变颜色。每天观察衣夹所夹住的部位，注意花蕾或叶子是如何变化的。如果可以的话，每天拍一张芽或叶的照片。通过关注自然世界中的一个特定地点，我们来欣赏生命美丽而短暂的本质。

衣夹的视角

像鹿一样行走

如果可以的话，建议你花点时间认真观察旅鸫在地面活动的过程。注意它是如何环顾四周，停下来，跳几步，快速啄食物，凝视，然后再次跳几步的。许多动物在大自然中都是使用这种方法行动，觅食时，还会停下来关注周围环境。当人类在自然中行走时，我们往往会以均速缓慢地前行。许多食肉动物也以同样的方式活动。狐狸、狼或郊狼有一个所谓的"谐波门"（harmonic gate）——这是一种有目的的行走，有助于它们快速有效地从一个地方移动到另一个地方，从而覆盖它们的狩猎区域。

我们可以向那些经常需要对周围环境保持警惕的动物学习。鹿的耳朵不停地摆动；它们的鼻子不停抽搐；隆起的眼睛位于头的两侧，这有助于视野更开阔。它们的生存有赖于时刻高度警觉。同时，它们会经常停下来，一动不动地站着——这一样可以观察周围的动静。当它们处于完全静止时，身上的皮毛会帮助它们融入森林。在这个简单的活动中，我们将模仿这些动作。就像鹿一样，我们可以更了解周围的自然世界。

- 在脑海里默默选择一个数字，比如说 5。现在走 5 步，停 5 秒钟。在停着的时候，试着使用你的视觉、听觉和嗅觉。

- 选择另一个数字，比如说 10。走 10 步，停 10 秒钟。

- 保持这种行动模式，选择一个数字，走这个步数，然后停顿一段时间。

- 将其与常规的散步进行比较。你注意到区别了吗？你对周围的自然世界有了更多的关注吗？

大自然的形状

大自然充满了复杂的曲线、形状和线条。在我们看来，自然世界似乎很混乱——这些颜色、形态、纹理和物体令人困惑。但通过更仔细的观察，你会发现大自然的形状是多么复杂和美丽。

形状寻宝游戏

这个活动可以帮助我们了解大自然的形状是何等多种多样。复印下一页提供的"自然形状填空游戏卡"。在附近的自然区域散步，看看你能找到多少种不同的形状？

自然形状填空寻宝

看看自然　073

自然形状填空游戏卡（你能找到吗……）在一行、一列或对角线上试着把填空卡填满。

B	I	N	G	O
心形	三角形	圆形	椭圆形	星形
矩形	曲线形	两侧对称（一侧和另一侧一样）	径向对称（旋转看起来仍旧一样）	螺旋形
波浪形边缘的叶子	刺齿边缘的叶子	披针形叶（长、狭窄且有尖端）	锯齿形叶（边缘有锯齿）	肾形叶（像肾的形状）
掌状脉的叶子（叶脉从中心点展开）	羽状脉的叶子（一条明显的主脉，侧脉从两侧发出，呈羽毛状）	弧形叶脉（叶脉弯曲，汇聚于一点）	针状叶（像针的形状）	分形（分枝模式）
六边形	自然界中具有直边的东西	圆柱形的东西	丘状	你自己发现的形状

风行者

植物是不会移动位置的，然而，每年都会有新的植物在远离母株的地方生长，这是怎么发生的呢？在长期的演化过程中，植物已经发展出了巧妙的方法来传播它们的种子。一些通过附着在其他事物上，一些通过被动物排泄出来，还有一些随风飘扬。想想蒲公英种子那精致的降落伞，枫树那可以旋转的种子，还有那从松果中掉下来的带翅膀的松树种子。这些种子御风而行，直到它们降落在一片土壤上。在那里，新的植物生根发芽。

在这个活动中，用一个鸡蛋盒来收集这些风行者。当你前往下一个地方，去寻找可以通过空气传播的自然物时，记得盖好盖子。它不一定是种子。也许你会发现一片形状奇特的树叶，这让你想起一张帆；或者一片可以驭风而行的小草的叶子。研究每一个风行者是如何移动的。用手指抚摸你收集的自然物，感受那些能帮助它飘扬的部分。

大家重新聚集在一起。释放搜集到的"风行者"。你能用身体模仿它的动作来编一支"风舞"吗？像种子一样可以轻轻地飘扬，不断旋转和穿梭，或者不停地颤动。大家一起努力，创造一个包含各种动作的表演。

斐波那契数列

数学从来都不是我的强项。但自然界中的图案也有一些美丽而和谐的规律——从蜗牛壳的螺旋到花朵上花瓣的排列；从松果上鳞片的位置到叶子长在茎上的方式。奇妙的是，这些模式和自然界中的许多其他模式遵循一种特殊的数学规则，称为斐波那契数列。尽管印度数学家几个世纪前就已经知道这个数列，但 800 多年前，一位名叫莱昂纳多·德·比萨（Leonardo de Pisa）的意大利商人让这个数列在世界其他地方流行起来。它既优雅又有力。顺序是：1，1，2，3，5，8，13，21，34，55，89……从第 2 个数字起，每个数字都是前两个数字的总和：1+0=1，1+2=3，3+5=8，8+5=13，依此类推。如果用面积表示，则可以生成一个螺旋（请参见下页的图片）。

以下是自然界中遵循这个规则一些事物：

- 蜗牛壳上的螺旋
- 向日葵种子的排列
- 卷曲的蕨类植物
- 花朵上的花瓣
- 松果上的鳞片
- 旋涡星系
- 人类的耳朵褶皱
- 鸡蛋的形状
- 手上的指纹
- 飓风中的云层模式

你还能找到其他例子吗？

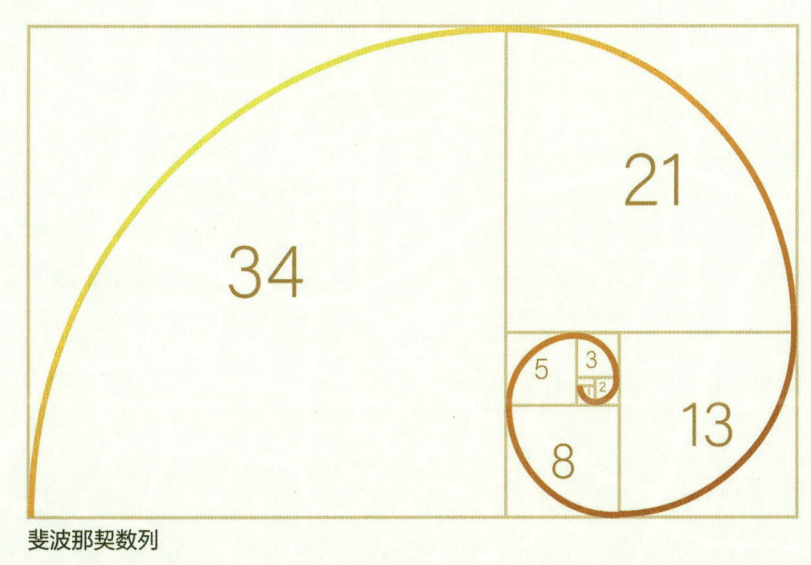

斐波那契数列

好奇心——福尔摩斯的树叶

我的同事保罗·埃利奥特（Paul Elliott）曾经参加一个关于甲虫的研讨会。他被一个有趣的活动所吸引，这个活动的灵感来自作家柯南·道尔（Conan Doyle）爵士，《福尔摩斯探案集》的作者。研讨会主持人谈到了华生博士是如何不断被福尔摩斯敏锐的推理能力所迷惑的。当被华生问及他为何会有如此非凡的能力时，福尔摩斯简单地回答说:"亲爱的华生,你看到了,但你没有观察到。"

当观察时,我们会产生好奇;当好奇时,我们开始培养兴趣。如果仔细想想就会发现,产生兴趣的好奇心是学习的引擎。当你好奇的时候,会问问题,想了解更多。以下是一项有助于锻炼这项技能的活动,适用于 2 人或以上参与。

- 找一片落叶。

- 鼓励大家仔细观察手上的落叶。让参与者用"我观察到……"这样的句式来描述落叶。例如:
  - 我观察到叶子的末端是弯曲的。
  - 我观察到叶脉在一面很明显,另一面则不明显。
  - 我观察到叶子边缘有锯齿。
  - 我观察到叶子上有不同的颜色。

- 确保每位参与者都能够仔细地观察手上的落叶。

- 让每位参与者用"我好奇……"这样的句式表达自己的想法。例如:
  - 我好奇为什么手上的叶子是绿色的?
  - 我好奇为什么叶柄是平的?
  - 我好奇是什么在叶子上咬了这些洞?
  - 我好奇这片叶子是来自哪种树?

- 最后,每位参与者用"这片叶子让我想起了……"来说一句话。例如:
  - 这片叶子让我想起了树叶的多样性。
  - 这片叶子让我想起了秋天和即将到来的冬天。
  - 这片叶子让我想起了植物是通过叶子来产生食物的。
  - 这片叶子让我想起了落叶是如何滋养土壤、使土壤更加肥沃的。

这项活动不仅能锻炼观察技能,还有助于让参与者提出好奇的问题,最后建立联结。记住,每一个好奇的问题都有答案,每一种联结都有助于提醒我们自然世界里的事物是如何紧密地相互依存的。

福尔摩斯的树叶

季节性观察活动

- 在春天，试着数一下你能发现多少种独特的绿色。使用季节性色轮来帮助你（第046页）。

- 在夏天，制作一幅树叶拼贴画。找到不同颜色的叶子。用荆棘或小树枝把它们固定在一起，这样就可以把它们挂起来了。在阳光明媚的日子里，观察光线如何穿透每片树叶，产生彩色玻璃效果。

- 在秋天，通过找到各种颜色，从较浅的色调到较深的色调，将它们并排放置，创造出一道叶子彩虹。从绿色到黄色，从黄色到橙色，从橙色到红色，从红色到紫色，从紫色到黄褐色，从黄褐色到棕色。

- 在冬天，试着根据树的轮廓来辨认它的种类。许多针叶树都有自己独特的形状。拍摄美丽的风景照。一年中的每个季节中，从同一个地方再拍一张照片。请注意每个季节巨大的色彩变化。

闻闻自然

新鲜出炉的苹果派的香气！也许你会想起和家人、亲戚在大树下吃冰激凌和苹果派的情景。也许这味道会唤起你吃甜点的回忆。在所有感官中，嗅觉和情感、回忆最直接相关。因为从鼻子到负责处理情感、记忆的大脑区域有根直通管道。每个人一天大约呼吸23000次，每呼吸一次，我们就会闻一次周围世界。从百合花的愉悦芬芳到火的刺激味道，我们沉浸在各种气味里。最新研究表明，嗅觉比我们想象的要敏感得多。如果一个朋友高兴，他会释放让人高兴的气味；如果人压抑或不开心，则会不知不觉地释放同类型的气味。2014年的一项研究显示，人类最多能闻到1万亿种不同气味，但在描述时却词汇量有限。我们使用花香、麝香、薄荷味、刺鼻、腐臭等词汇，但这对于我们生活的这个丰富而芬芳的世界来说，只是沧海一粟。

也许你很难相信，但一些人类学家认为是嗅觉造就了我们的大脑。数百万年前，一小簇嗅觉组织发展出原始茎状结构。渐渐地，当我们靠气味感知身边世界时，这些组织的芽变得越来越复杂，演化成人类大脑的两个半球。也许有人会套用笛卡尔的名言："我闻故我思。"

我们的嗅觉系统

用鼻子深呼吸一次。请注意空气是如何在鼻腔中迅速传播的。接下来会发生什么?携带气味的分子进入我们鼻腔的深处,到达嗅球,这儿包含着密集的被称为嗅觉感觉神经元的感觉细胞。每个神经元都有一个单一的气味受体。气味也可能从我们口腔的顶部通过一个直接连接到鼻腔的通道传播。咀嚼食物时,品尝出的芳香会和相同的嗅觉神经元相连。味觉和嗅觉密切相关。无论是玫瑰的甜香,还是新鲜烤面包的香味,感官神经元都能把这信息传递到大脑里帮助我们识别气味的区域——杏仁核。围绕我们的气味总比我们能识别的更多。分子可以刺激多个受体,从而产生我们解读为特定气味的独特香气组合。

在嘴、喉咙、鼻子和眼睛周围湿润的皮肤表面,有很多帮助我们觉察刺激物的神经末梢,比如薄荷醇令人惊异的清凉或剥开洋葱时眼睛被熏得流泪的感觉。

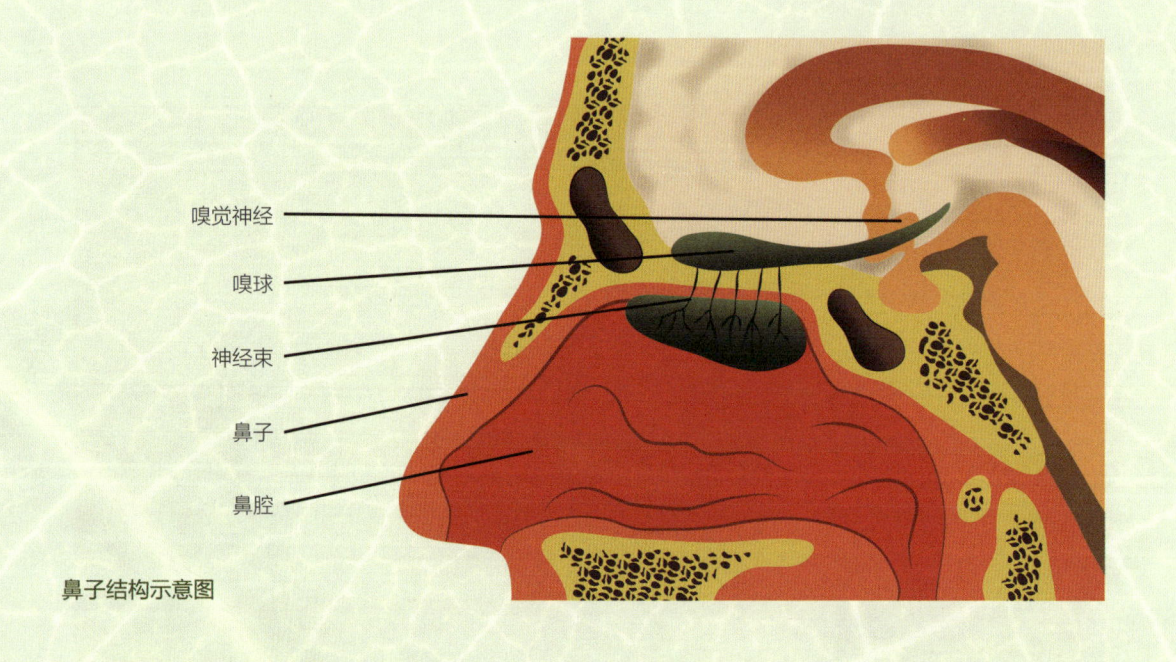

鼻子结构示意图

擦和闻

- 下次去散步的时候，带些水和小块海绵。在每个人鼻子下用湿海绵擦一下，只要上唇有些湿润就有效。这湿润有助于我们分辨更多的气味。

- 现在试一下"擦和闻"。用手指轻轻揉擦不同树和灌木的叶子，一边走，一边揉擦苔藓并放在鼻子下面闻闻。也可以轻轻摸一摸地衣然后闻闻。

- 在森林不同地方或区域取小块土壤，闻闻这些土是不是不一样？一些农民靠闻能辨别出土壤的肥沃程度。继续摸一摸、闻一闻自然界的各种物品，包括树叶、树皮和树的细枝。要点是摸的时候要轻，不需要使劲揉搓来让它们释放气味。如果你带着小孩同行，让他们只摸你摸过的地方，确保他们没有触碰到有毒的东西（如毒漆藤、巨独活等）。

气味鸡尾酒

练习了嗅觉，现在你已经为参加鸡尾酒会做好了准备。鸡尾酒会是一个很好的机会，在品尝芳香、令人放松的饮品时，还能与朋友交流。为什么不自创独属自己气味的鸡尾酒呢？

- 需要几个纸杯和一个作为搅拌棒的小树枝。

- 如果在徒步，那么鼓励同行者找些森林里的小东西（比如，一小撮土，几片叶子，一些野花的花瓣，一个芽，一点苔藓，或一小片树皮）。始终要注意适度采

气味鸡尾酒

样（这儿取一点，那儿拿一些，注意别在同一个地方取太多而造成破坏）。如果可以，播散种子以反哺自然。我经常带些当地适宜的野花种子，无论在哪儿取些什么，都在附近撒播一些种子。

- 把找到的自然之物放入纸杯，用树枝轻捣杯中物，这有助于释放气味。这时你已经自创独特的"气味鸡尾酒"。

- 为每一款"气味鸡尾酒"命名，也许它可以叫"松针快乐酒"或"木材美味酒"，花些时间互相闻闻伙伴们的作品，你能否辨别这些"气味鸡尾酒"的香味呢？

气味寻踪

想象一下：你闭上眼，蹲下来，深吸一口春天的新鲜空气。这时你能闻到气味，那是你熟悉的朋友的气味。你能感觉到他刚从你家门前经过，正前往市中心。你跟随他的气味来到一家便利店，正好赶上和他分享一袋薯片。希望真能这样，但不幸的是我们人类的鼻子并没有灵敏到能追踪气味，但很多动物的鼻子可以。狐狸、郊狼、狼和狗等犬科动物的嗅觉灵敏度令人难以置信——比人类好几千倍。它们大脑中被用来感知嗅觉的区域也更大，能区分很多不同类型的气味。可能我们在闻到某个地方的气味时会说："嗯，这里有奶酪通心粉。"而犬科动物可能说："嗯，这里有面条、奶酪、黄油、盐、牛奶、面包屑、金属锅，一定是玛吉姑妈（Aunt Marge）在掌勺。"动物通过短而深的呼吸，来区别并追踪气味。

- 在这个游戏中，你会得到"一只非常有帮助的鼻子"，能帮你追踪气味线索找到美味。这个活动需要参与者成对进行。

- 一个人被蒙上眼睛，另一个人用萃取物留下气味痕迹。你可以使用仿造的萃取物。试试柠檬、杏仁、薄荷、枫糖和橙子萃取物。每隔 1 英尺（约 0.3 米）滴一两滴，大约需要铺设 5 英尺（约 1.5 米）的距离。为了让游戏更有挑战，试着滴出一条蜿蜒曲折的踪迹。

- 在气味踪迹的结束处放一个包好的薄荷糖。引导被蒙眼睛的伙伴从起点出发，用鼻子闻着追踪气味。如果运气好，你们能像一只追逐兔子的猎狐，在结束旅程时尝到美味。

气味袋

有没有注意到那些结不同球果的针叶树的气味是不同的？无论是松树、雪松、云杉、冷杉还是铁杉，每种树都有自己标志性的气味。针叶树产生萜烯，这是一种保护它们免受昆虫和真菌侵扰的化合物。针叶树中有两种主要分子：有松香味的蒎烯和有柠檬味的柠檬烯。这两种分子和一些其他分子相组合，会给针叶树带来独特的气味。为了真正领略这些气味的多样性，我们可以做一些松针气味袋。下面是制作方法：

- 找 5~6 个小棉布袋。如果没有，用干净的白色棉袜也可以。

- 每个小棉布袋里装一种松的碎针叶，比如香脂冷杉。把针叶切成小段并把布袋差不多装满。始终记得取之有度，在一个地方取少量松针然后再去下一个地方。至少找 4~5 种松针：雪松、云杉、松树、铁杉、落叶松或美洲落叶松等。你能找到什么树种取决于你住在哪儿。

- 徒步时带上。别让伙伴们看见这些布袋里的针叶，而是请他们闻一闻每个布袋。他们能在徒步路上准确地找到每种气味吗？让伙伴们揉搓不同的松针，树的味道能帮助我们识别当地树林里的各种树种。

- 阔叶树同样也有不同的气味。有些还非常刺鼻：如欧洲大叶杨、黑杨、北美檫树、桉树、胡桃树（叶子与果实都有气味）。

闻一闻花的气味

神秘的气味幻灯片

用纸杯或酸奶杯从身边的森林、公园或家中后院收集独特的气味。可以收集土壤、落叶松针叶、常绿树的针叶（如松树、云杉、雪松、冷杉、铁杉）、苔藓，或芬芳的野花——自然界任何有独特气味的东西。

- 让参加的伙伴们围坐成一圈。蒙上眼罩或让大家闭上眼睛，给每人一个杯子，杯里有独特的自然物味道。让大家深呼吸闻闻（不要偷看杯中物），能分辨出杯中的气味吗？这气味让大家想起什么？他们以前闻过这气味吗？

- 讲解老式幻灯片轮放原理。按下按钮，转盘旋转，出现新幻灯片。说"点击"，是表示想象中的点击器。每次"点击"，参加的伙伴就把杯子递给左边的人。

- 在你点击下一轮气味之前，给所有的伙伴深吸气再闻闻手中杯子的机会。继续游戏，直到每种气味每个人都闻过。

- 接下来，把气味杯放在围坐的圆圈中间，伙伴们能否在附近找到那个确切的气味呢？

除味儿

抱歉，你味道太重了！至少对像鹿这样的动物来说，人的体味非常重。有些动物，像鹿、兔子和狐狸，对气味敏感，有非凡的嗅觉，可以在你发现它们之前早早就闻到了你的气味。人在野外散步时，藏起来的动物比你能看到的动物都多。可以通过去除体味来提高发现更多野外动物的机会。

- 采集一下天然芳香物，比如松树、铁杉、冷杉和雪松的针叶，或者是白珠和黄桦的叶子，甚至蘑菇也可以。

- 用几周的时间彻底将它们晾晒干燥，切碎，然后把一罐玻璃瓶装半满。

- 加 100 度的伏特加，静置几天。把这些除味混合物通过咖啡过滤器倒入喷雾瓶。

- 如果可以，穿上用含有除味剂成分的洗

涤剂洗过的衣服。如果你跑过步或桑拿浴后大汗淋漓，穿这样的衣服有助于去除身上额外的气味。只需要温水洗浴，而不需要用沐浴皂，最后用浴巾擦干身体。

- 用除味剂大量喷洒身体，尤其是那些容易出汗的部位。现在就可以去野外自由行动而没有体味了。如果可以的话，记得顶风走，这样动物闻到你的机会就会再少些。谁知道山后面会有什么惊喜呢？

这个地方是什么味儿？

- 在户外选一个地方，安静地坐着并闭上眼睛。
- 嘴巴闭着，用鼻子深呼吸，吸满一胸腔的空气。
- 深呼吸数次，专心关注身边的气味。
- 你能闻到泥土的味道、常绿树的松针味或橡树、枫树丰富的木香吗？如果附近有水，你能辨别它们的气味吗？你坐着的地方有独特气味吗？如果蒙住你的眼睛，把你带到这里，你会因为熟悉的气味而知道这是哪里吗？欣赏这儿，熟悉这儿特别的气味，如果可以，尝试着每个季节都到这儿深呼吸，闻闻这儿的气味。

芳香疗法

当感到压力重重或不堪重负时，当身体不适或状态不佳时，我们通常会服用药物来缓解症状。其实，在森林或附近公园深呼吸其中的气味也能帮助我们缓解。散步时，收集一小把松针，深深地闻一闻它们，也可以闻闻其他针叶植物的叶子，比如铁杉、雪松、冷杉和云杉。只需要闻闻这些针叶释放的化合物，就可以改善情绪，为我们提供能量，帮我们感知当下。试着去闻盛开的花、苔藓、地衣、新挖的土、树皮，甚至池塘、湖或溪流的水。嗅闻这些气味时，我们实际上是通过它们释放的化合物将大自然的一部分深深吸入体内。嗅觉是最强大、最古老的联结手段之一。

刻克罗普斯蚕蛾

费洛蒙

一只雌性刻克罗普斯蚕蛾释放的费洛蒙（一种特殊化学物质）能吸引一只雄性蛾从 1.9 英里（约 3 公里）外的地方飞来，这令人惊讶。雄性蛾的羽状触角就像指路明灯，仅凭气味就能找到雌性蛾的位置。其他蛾类（如多音天蚕蛾、普罗丽大蚕蛾和北美月尾大蚕蛾等）都有此能力。

气味追踪活动

- 玻璃罐里装 1/3 的沙子。买些香薰，尽量找 4~5 种不同的天然香味（比如鼠尾草、刺柏、松树、北美圆柏等）。
- 把香薰烛剪短，矮于罐子。把香薰烛放在罐子底部中间。
- 点燃香薰烛。每个罐子中放一种不同的香薰，沿着一条路径藏起这些罐子。人能像蛾那样追寻气味吗？你能辨别出这些气味吗？

气味寻宝游戏

自然界有这么多不同种类的芳香。从松树的甜味到苔藓的潮湿和土腥味，从香茅草的柠檬味（它们真的存在）到白珠的薄荷味。大自然充满了各种各样的气味。我们可以训练自己的鼻子，使其对每个地方的气味更加敏感。这里介绍一项活动，可以帮助你走进家门外的气味交响乐中。

复印下页气味寻宝图。你能将气味和图片匹配吗？能辨别并找到多少种气味？

气味寻宝游戏		我发现的东西闻起来像……
	1. 土腥气	→
	2. 柠檬味	→
	3. 果香味	→
	4. 苔藓味	→
	5. 潮湿气	→
	6. 薄荷味	→
	7. 松树味	→
	8. 花香味	→
	9. 青草味	→

季节性的嗅觉活动

- 每个季节都有独特的气味景观。
- 春天，你可能注意到刚修剪草坪的青草味、丁香花的香气或刚翻新的土壤气味。
- 夏天，你可能闻到新鲜的海水咸味或池塘、河流、湖泊的潮湿气味，也可能闻到夏季干草的香甜。
- 秋天，在草坪或公园里闻到独特而自然朴实的树叶的味道。也许还能闻到秋风中更清新更凛冽的味道。
- 冬天，更干燥、寒冷的冬季空气，可能会让你的鼻子有刺痛的不适感。你能闻到冰雪的味道吗？每个地方有当地的季节性气味风景，随着季节变更，调到这个季节频道，嗅闻此时此地的独特气味。

摸摸自然

我们被皮肤包裹着。正是皮肤，能保护我们免受外界的伤害，如有害辐射、昆虫叮咬、严寒酷暑、尖锐物件和一些寄生虫、疾病等。皮肤是我们联结一切事物的中间媒介。皮肤包裹着我们，也让每个人都独一无二。我们通过皮肤接触万事万物。我们一直在触摸着——坐着的椅子、拂过面庞的风，放在桌上的手。我们不断接收着周围世界的触觉信息。

皮肤是我们最大的感觉器官，它颇有些神奇特性。皮肤一直在自我更新，如果它被撕裂或刺破，能自我修复。炎热天气中，皮肤让我们感到凉爽，而寒冷天里则为我们保温。皮肤可洗、有弹性，并防水。皮肤有各种不同的形式——头发、指甲、柔软的肌肤；鸟或蜥蜴等动物的皮肤是爪、刺、羽毛、鳞片和触须。

皮肤像洋葱一样有好几层。最外层称为上皮层，是身体的保护层，是我们的身体内置"皮夹克"。这一层皮肤含有黑色素，让皮肤独具肤色，并免受有害紫外线的辐射。越受阳光照射，我们的皮肤会越黑。下一层是包含汗腺、皮脂腺、毛囊、神经末梢和触觉感受器的真皮层。真皮层下面，是由结缔组织和脂肪细胞组成的底层。脂肪细胞不仅能让我们在寒冷的冬天保暖，而且有助于保护更里面的组织，免受打斗时拳头或从楼梯摔下来造成的伤害。同时，结缔组织连接着肌肉和皮肤上的肌腱。

我们的体感系统

人的触觉由体感系统调节，该系统由神经末梢和触觉接收器组成。我们感受到的一切，从疼痛到搔痒，从光滑到粗糙，从热到冷，都由体感系统控制。

帮助我们感知震动、压力和纹理的是机械性刺激感受器。指尖隆起处满是迈斯纳小体，能让我们感受到最轻微的触碰。用羽毛或树叶的尖儿轻触指尖，你会发现只需最轻微的压力就能感觉到它的存在。我们的嘴唇和舌头同样敏感（如果亲吻过所爱之人，你就会知道），还有眼皮、脸和脚底，也都很敏感。真皮层的更深之处，在肌腱、肌肉和

触觉示意图

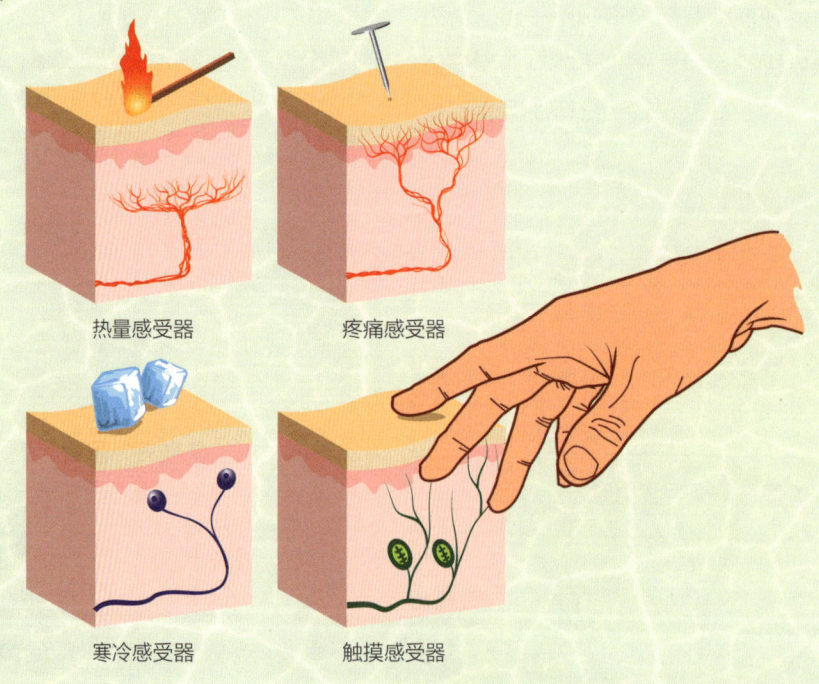

热量感受器　　疼痛感受器

寒冷感受器　　触摸感受器

关节之间是帕西尼小体和鲁菲尼小体。这些接受器帮助我们感知四肢的运动、身体在时空中的位置，这样我们能接球、跳绳，或者坐在椅子里。

真皮层包含能让我们感知不同温度的冷热感受器。当皮肤表面温度低于95华氏度（35摄氏度），冷感受器开始报警，低于77华氏度（25摄氏度）时，它们特别活跃，并在41华氏度（5摄氏度）时开始关闭冷感受器，这就解释了为什么极其寒冷时人的手和脚会失去知觉。

当皮肤表面温度升到86华氏度（30摄氏度）时会感觉热。人感觉最热时，皮肤表面的温度已上升到113华氏度（45摄氏度），再热，痛感受器会发挥作用，驱使我们寻找凉爽的地方。有意思的是，虽然身体各处都有温度感受器，但冷感受器比热感受器更密集。耳朵、脸、鼻子等部位有大量冷感受器，这也是这些部位最先感到寒冷的原因。

我们体内，肌肉、皮肤、一些器官甚至骨骼内，有超过300万个疼痛感受器，它们帮助我们对刀割、火烧、擦伤或叮咬等做出反应。有些感受器甚至会产生钝痛，以防止我们继续使用扭伤或骨折的部位，直到这些部位愈合。

所有这些感受器通过专门的神经细胞向大脑传递信号。比如，手一旦触碰热炉子，机械性刺激感受器和疼痛感受器都向大脑发送信息，让我们立即把手缩回来。正是这个系统，我们会在轻抚小狗柔软的皮毛时感受愉快，在阳光照射面颊时感受温暖，在炎热天感受水的凉爽。也正是这个系统让我们真正地接触自然界。

蒙眼活动

触摸毯 / 触摸包

我们通常是睁着眼睛感受周围的环境的。如果闭上双眼，仅凭触觉，可以用全新的方式感受大自然。

这个活动需要先收集一些物品：形状有趣的树枝、不同的粗糙或光滑纹理的岩石、贝壳、骨头、羽毛、松果、树叶、草。

- 把这些东西沿着毯边缘放在毯子下。

- 让参加的伙伴趴在毯子上，把手伸到毯子下面摸那些物品。通过触摸，能否猜出下面是什么？让参加的伙伴时不时挪动，这样每个人都有机会感受毯子下面的每一样物品。

- 活动的替代方案（更适合年龄小的孩子）：把多种多样的自然物放在一个旧的枕套里。表面光滑的事物在一个枕套，粗糙的在另一个枕套里，不许孩子们偷看！

触摸包

蒙眼寻踪

这个活动需要一根长约 150 英尺（约 46 米）的绳子。

- 找到一条风景优美、没有垃圾和危险物品的小径。如果可以，选择一条既穿过树林又经过田野的徒步路径，确保沿途地面平坦。

- 拉紧绳子，让绳子沿小路延伸。在你认为有趣的地方给绳子打结，比如老树干、形状奇特的岩石，还有长有柔软的草丛的地方。

- 蒙上活动参与者的眼睛。

- 如果感觉舒服，周围也没有锐利的石头和树枝，仔细检查活动区域有无异物后，请活动参与者脱掉鞋袜光脚行走。

- 让参与者排好队慢慢行走。大家手握绳子，沿着绳子徒步。告诉大家去触摸那些物体（地面、岩石、树木等），让手扫过高高的野草，感受草穗的质感。

- 让大家坐在徒步路上柔软的地方。问大家是否能感受到有风拂过面颊？从户外开阔区走到阴凉之处，是否注意到气温的变化？

- 蒙眼走完徒步之路后，让参与者摘掉眼罩，睁开双眼重走一遍，对比这两次体验各自感受如何？

亲近大地

当真正地触摸到土地的时候,我们会与大地产生强有力的联系。当我们的皮肤接触到土壤——这一孕育生命的活基质时——我们和每一个支持我们、给我们提供营养的生命系统相联结。

接地气

一些人会练习"接地气"。他们相信,身体接触到大地时,会有电能从大地流出,能够切实治愈他们。他们光脚行走,直接躺在地上,或者用土壤覆盖自己的身体。定期这么做的人说,他们睡眠更好、心情更佳、身体更健康了。在孩童时代,我们本能地会做这些事。记得我们曾多么享受玩泥巴吗?不止一家愤怒的父母用水枪冲洗满身泥巴的孩子,嘴里自语:"怎么回事?怎么回事?你们到底怎么回事?"其实孩子们和一些成年人喜欢土壤和泥巴的理由很充分,就是它们能让我们更开心。事实证明,土壤中含有一种名叫"母牛分枝杆菌"的细菌,会提升我们大脑中的血清素水平,而血清素是帮助我们感受积极、放松、快乐的化学物质。同时,在泥里玩耍可以增

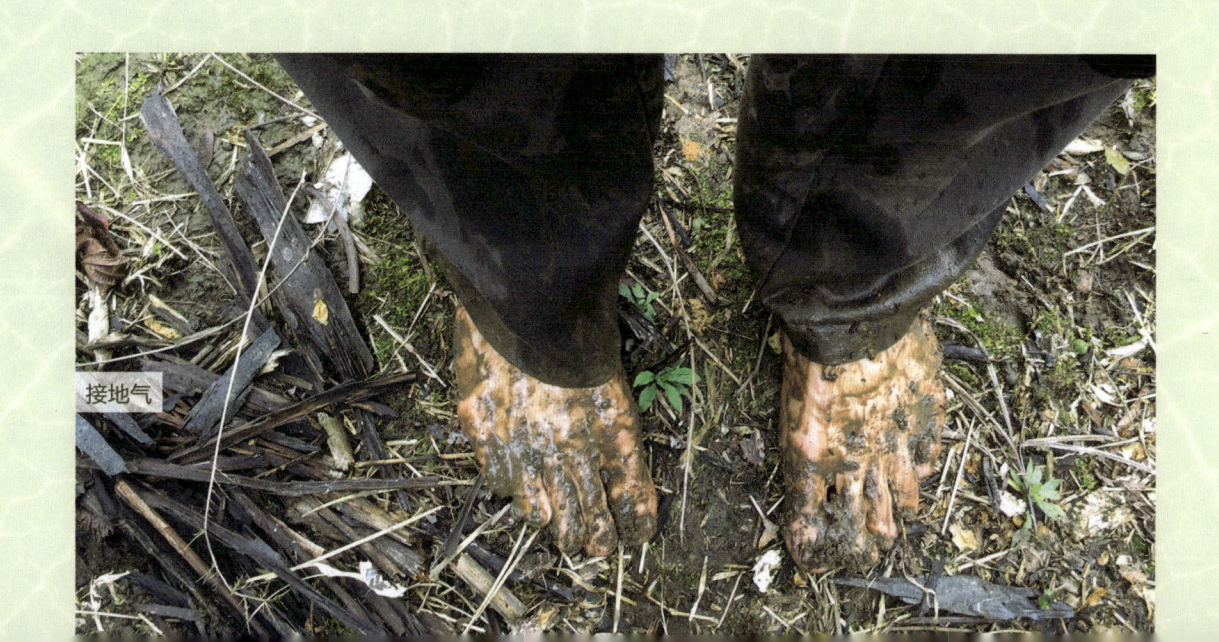

接地气

强我们的免疫系统，帮我们获得复原力。也许，我们该向小时候的自己学习了。

- 脱掉鞋子，让双脚深踩泥土，浸在大地的能量中。感受大地的凉爽，以及对我们脚底的安抚。一捧土中含有的生物数量比地球上的人类还多。土壤里充满了生命，我们通过皮肤能感受到土壤里流动着的生长、恢复和再生的潜力。它让我们意识到，很多问题的答案来自自然界的再生和治愈能力。

泥巴馅饼

不要因为年纪大了而不好意思做泥巴馅饼。做一些看起来美味却不一定能吃的东西，感觉太棒了。所以，让我们享受地球的礼物，一起做泥巴馅饼吧。

- 用一个铝制盘，装满黏糊糊的泥巴，表层用花、细枝、树叶和石块装饰，将质地柔软的泥土压印出纹路后，再把模子小心移开。试着用贝壳、针叶树的松果和树叶压制，当它干燥后，欣赏你的杰作吧！

玩泥巴

亲近树木

我的树朋友

这是一个能在公园、学校操场或后院进行的有趣的体验活动。

- 参与者需要蒙眼，两人一组。先演示这体验活动怎么玩。找些志愿尝试的朋友，轻轻蒙住他们眼睛，告诉他们会遇到一个特别的朋友。让这些参与者转几圈，然后开始绕着路朝一株有意思的树走去。尽量选择枝叶低垂可及的树作为目标树。

- 让志愿者站在树前。触摸树枝上的树叶，让参与者与这位朋友"握手"。让他们用手沿着树叶轮廓触摸。

  - 这些树叶边缘是齿状的还是光滑的？有裂沿还是直的？也许这是一棵针叶树（结有球果、叶为针状）？如果是，它的树叶摸上去什么感觉？

  - 如果选的是一棵落叶树（会落叶子的那种），它叶片背面的脉纹结构是怎样的？是掌状叶（来自一个中心点）或者平行叶脉（沿中心叶脉平行排列）？

  - 枝条在树上如何分布？它们是对生还是互生？

  - 树皮摸起来什么感觉？是光滑的还是粗糙的？

  - 这棵树有什么特殊的气味吗？

  - 摸摸树根周围，还有别的东西吗？有特别的树洞吗？

- 上面的每一点都是帮助活动志愿者辨认这是哪种树的线索。当志愿者已经相当熟悉这位新交的"树朋友"时，领他们回到出发点，但还是不要走直线，稍微绕绕。

- 最后再让志愿者旋转几圈，再脱掉眼罩。现在他能用自己的眼睛找到这位树朋友吗？这实际上比听起来要难。

体验活动如何玩已经展示完毕，现在鼓励剩下的参与者尝试体验吧。

拥抱一棵树

人们对拥抱树的人有种刻板印象。觉得他们趿拉着凉鞋、留着胡子、手上拿着一袋麦片,浑身散发着泥土的味道。人们很容易把拥抱树当作愚蠢且不可理喻的消遣。其实,当我们紧紧抱住树干时,会获得滋养和安抚感。当树皮紧贴着我们的胸膛和脸颊时,想象这棵温柔的巨树,它的根系延伸扎进土壤深处,现在,开始体验这种脚踏实地的感觉吧。

- 在附近走走,找到一棵一人可环抱的树。将身体靠近树干,面颊贴着树皮。闭上双眼,开始想象:这是阳光明媚的一天,你抱着的树正向空中蒸发 3000 升的水,润泽着它的周边,让环境变得清凉。
- 想象一下树的根,数百公里长,它们向外延伸,找寻养分和水,这些根在晴朗的天气里又把养分和水以每小时 62 英里(约 100 公里)的速度沿树干向上运送。

我的树朋友

- 想象这棵树伸出的根，正轻抚其他树伸出来的根，通过菌丝体网络，它们正在交换化学信号，树根被包裹在菌丝体的真菌网络中。想象一下这种美好的关联。菌丝体从最大的"枢纽"树中吸收糖，这些树生产的食物比它们自己需要的多。作为交换，菌丝体帮它们吸收水分和营养。

- 想象一下这些树会通过"树维网"互相交谈。当其中一棵树被昆虫或疾病攻击时，它用释放化学信号的方式让其他树知道，让它们做好防御准备。

- 拥抱一颗树朋友时，抬头看看树冠。这些树叶在风中摇曳，美不胜收。伸出一只手，掬一捧阳光，别让阳光从手指缝间溜走！现在，把阳光塞入口中，大口咀嚼，这就是"阳光"零食！好吧，人类并不真的可以吃阳光，但树可以。树和所有植物一样，用水、二氧化碳和阳光制造糖，这个过程称为光合作用。

- 深深吸一口气，向拥抱的这棵树表示感谢。因为这棵树正为你、我、他和其他生物提供氧气。两株成年的树制造的氧气可供一个四口之家生存。

- 现在呼气。你呼出的二氧化碳正是树所需要的。二氧化碳和阳光、水一起，树用它们制造自己的食物。自然界这样的安排太酷了！我们不需要的二氧化碳，树需要；树不需要的氧气，我们需要。

- 拥抱这棵树时，想象一下这个生命体赐予所在土地的那些礼物。它只要存在，就有益于世界。它摄入碳（在当今气候变化的时代，这真是一份特殊的礼物），释放氧；它让空气凉爽、清新；树的根系能固定土壤；让土壤呼吸；为其他生物提供食物和栖息地。想象一下，如果我们都能像拥抱的这棵树一样，学着给予比索取多，学着做好事而不是坏事。这太值得我们的一个拥抱了！

是什么针叶刺着你

- 尽可能多地收集这些植物的针叶：北美香柏或北美乔柏，各种松树（北美乔松、多脂松、长叶松，北美短叶松、刚松），冷杉、铁杉或其他当地生长的针叶树。记住，针叶树只是意味着这树有针叶和球果。

- 把收集的针叶都塞进干净的袜子，要塞到靠近脚趾处确保看不到。你应该有很多不同的袜子吧，那么每只不同的袜子底都塞入不同的针叶。

- 如果条件允许，给每种针叶拍照，彩色打印出来，把这些照片摆在地上。

- 现在请参加体验的伙伴伸手进袜子，通过触摸辨认，与照片上的松针配对。我们会对针叶的形状和尺寸之丰富而吃惊。

- 将不同的针叶放进一个小罐里让参与的伙伴们闻闻，这可以作为一个补充体验活动。注意不同的气味（见上章节）。

抓住要点

这儿介绍些帮助识别针叶树的特点和助记符。

- 云杉的针叶沿枝条轮生、尖锐如钉，所以刺上去很疼。它们是圆的，可以在拇指和食指之间滚动或旋转。

- 冷杉的针叶，扁平且非常有弹性，它们不会滚动。

- 松树的松针，通常像钉子一样很长。北美乔松是北美洲东部常见物种，一束叶子数量和它的英文名（white pine）中 white 这单词字母数一样：都是 5 个。

- 雪松是扁平鳞片叶，像海里的鱼。

- 铁杉针叶很小，上层绿色，底部白色。铁杉的英文名（helmock）的前缀 hemi 意思是"一半"，也就是说铁杉的针叶半白半绿。

- 刺柏，有两种类型的叶子（通常生长在同一株树上）：一种为鳞片状叶子，类似雪松；另一种叶片长一些（1/4 英寸，约 6 毫米），呈深蓝绿色的针叶。刺柏的英文"juniper",读起来像"juni-pair",而"pair"就是"双"的意思。

- 落叶松或北美落叶松,冬天光秃无叶,其他季节有着一簇簇绒状、多达20根柔软、下垂的针叶。

触摸寻宝游戏

穿过森林或田野时,轻摸身边的自然之物,你能否感受到下图"触摸寻宝游戏"中列出的那些质地?

触摸寻宝游戏	我发现的东西摸上去感觉……
1. 潮湿的	→
2. 冷冰冰的	→
3. 毛茸茸的	→
4. 如丝绸般的	→
5. 轻便的	→
6. 柔软的	→
7. 光滑的	→
8. 尖尖的	→

其他触摸体验活动

触摸花园

孩子们喜欢用触摸感知世界。用他们敏感的指尖探索光滑、粗糙、柔软或坚硬的令人愉快的质地。触摸花园，是让他们能真正与自然握手的好方式。下面列出的每一种植物都有独特的触感。在春天，来触摸并体验一下那些种在小型盒式花园里的植物吧，下面是一些可种植的植物的例子。

向日葵	猫柳
棉毛水苏	英国早花百里香
蒲公英	苦艾
橙花糙苏	红穗铁苋菜
细枝毛蕊	葱
叙利亚马利筋	西番莲
旱金莲	景天
大黄	风信子
松果菊	羽状针茅
米苋	金鱼草
虞美人	

你可以每种植物都收集一些，放置在触摸袋中。

邀请孩子们（及成年人），轻揉每一种植物的叶子，请他们用心感受每种植物的质地。哪一种摸上去最舒服？哪一种最不舒服？这些植物的质地告诉了我们哪些属性？像仙人掌，它厚而多刺，有助于存储水分、保护植物体。光滑的叶子生长更快；浓密的叶脉可以提供更多支撑；突出的叶尖以便它们排雨水。松针进化成蜡质且厚，为的是减少水分损失，尤其在冬天。复杂的叶缘和裂片让叶子能非常快速地排出吸收的热量；光滑的叶缘更常见于喜阴植物中，因为排热不那么重要了。

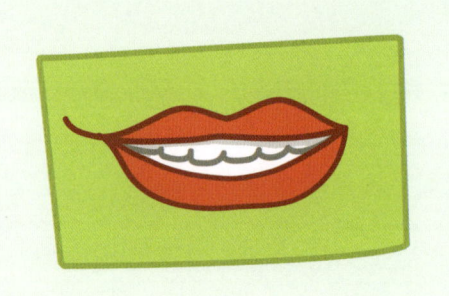

尝尝自然

有些东西总是分享之后才会觉得更好吃。一顿家常饭表明我关心你、希望你不但吃饱而且能享受、回味这顿饭。一群人围着喝茶，吃司康饼（Scone）⊖，闲聊。冰啤酒或一杯葡萄酒，能让你和朋友放松；手中那新鲜出炉的曲奇饼，帮助我们忘记当下的烦恼，因为我们喜欢口中甜蜜而松软的质地。如果我们认可、钦佩某人的喜好，我们说这个人有"品味"。我们经常用味觉描述自己的感受。我们可能会遭遇爱情挫败的痛"苦"、体会胜利的"甜"蜜，或者我们可能做些枯燥乏"味"的事情。

情感和味觉之间的关联不是偶然的——味道是确保我们得以生存的能力。几千年前，非常苦或酸的味道可能意味着我们吃的东西有毒。咸或甜的东西可能表明食物富含营养。咸鲜味，意味着食物富含蛋白质。关注食物味道，这确实意味着生存。

我们嘴里塞满了像小火山一样的味蕾，大约10000个味蕾能帮助我们识别（甜、咸、苦和酸等）味道类型。甚至有种能感受"鲜味"的味蕾，用来识别鲜味。每个味蕾都有

⊖ 英式面包的一种，通常为三角形，但也有圆形、方形或是菱形。

大约 50~100 个味觉细胞，每个细胞都有与某些可以产生甜、咸、苦、鲜感觉的分子相结合的受体。这些味觉细胞堆积在一起，形成了一种顶端有孔的胶囊。孔中包含着长而细的被称为味觉毛的感觉细胞。味觉毛表面的蛋白质会触发感官神经元，将这些信息传递到大脑的四个区域，然后，我们体验到了味觉。

我们所感知到的"味道"其实是感觉的结合——不仅仅是舌头感知的，味觉还包括我们所吃食物的质地、温度和气味。我们只在闻过食物后才真正品尝。你可能已经注意到，如果鼻塞或感冒，我们的味觉就没那么灵敏了。

下面这些活动帮助我们探索大自然的各种味道。

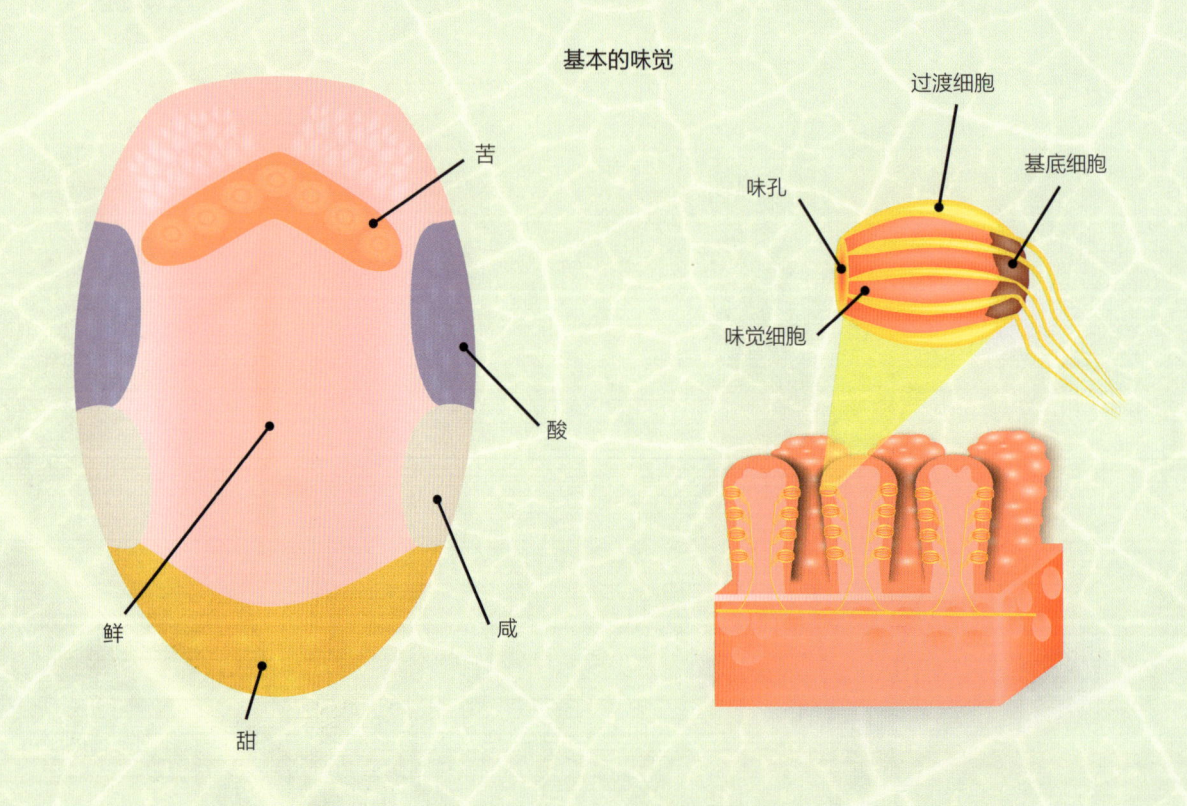

基本的味觉

苦
酸
咸
甜
鲜

过渡细胞
基底细胞
味孔
味觉细胞

可食用的野生植物

我最喜欢引用奥尔多·利奥波德（Aldo Leapold）说过的一句话："最健康的食物是从土地到嘴距离最短的食物。"

吃自己找到的食物令人激动。带有野外气息的食物是联结大自然的强大纽带。

显然，从野外采集食物时我们必须非常小心。尤其对总忍不住把所有东西塞进嘴里的年幼孩子来说，更是要当心。"塞进嘴里"是他们通过味觉理解周围世界的一种方式。我记得和当时两岁的女儿漫步沙滩时的情景。我注意到她会不时地弯腰，从地上抓起什么东西，从手指间挤出一些绿色的泥状物，然后高兴地舔着。我有些担心，跑回去查看。发现她正吃着鹅粪！那一瞬间，我不能完全确定女儿是否觉得好吃！

所以，警告一下……请正确判断发现的东西是否能吃。在森林和田野里可以找到很多美味食物，但吃之前，请确保你真的知道你吃的是什么！下面这些可从野外获得的美味是经过验证、不容易出错的。

松树和雪松茶

散步时，采摘一把北美香柏（针叶看着有点像羽毛）和北美乔松（长而柔软的针叶成束，每束 5 根）。回家后，把这些松针叶放入沸水，浸泡至少 5 分钟。泡出来的茶会很苦，但提神，一种刺激但令人回味的森林味道仿佛在舌头上跳舞！从野外采摘时，最好只采摘一点，品尝后判断身体反应。所以，从一小杯这样的茶开始体验吧。

松针茶

香蒲

香蒲，是一种湿地、沟渠、潮湿田野和灌木丛中很常见的植物。它最突出的特点就是圆茎顶端像雪茄一样的头，茎高 5~10 英尺（约 1.5~3 米）。像"蜡烛芯"的褐色、排列紧密的果序，包含成千上万微小的绒毛状种子。如果在野外迷路，可以掰开这些种子，用绒毛絮状头做我们的保温材料，也可以用里面更干燥的种子做生火的火种。香蒲的叶子又细又长，贴在植株底部。越靠底部的叶子越嫩，也越柔软，可以用做沙拉。香蒲的内部髓心可以生吃，也可以切碎后用来炒菜。不过，要小心香蒲会从水中吸收毒素，所以一定要确保采摘的香蒲长在干净的水域。

香蒲

白珠

这是我们清新口气,品尝森林中的薄荷味、泥土味的机会。白珠在冬天也是常绿的,有着厚厚的革质叶,这可以帮你识别它。白珠在许多地方都能找到。它靠近地面生长,叶缘光滑,叶表面有光泽。用手指用力揉搓,白珠叶子能释放出芳香的油脂。通常快速摩擦,你会闻到很强烈的、独特的白珠的味道。倘若确定这就是白珠,把叶子放在口中并慢慢咀嚼,会有美味的薄荷味慢慢渗出并扩散到整个口腔,但这需要一段时间。吐出碎叶。即使白珠叶片可食,记得也只取一片叶子,因为摄入太多会伤胃。随后深深吸口气,你可能会回到童年,想起奶奶的小包里藏着的薄荷糖,或者想起许多年前非常流行的"LifeSavers Wint-O-Green"牌薄荷糖。

白珠叶含有常用做止痛软膏成分的水杨酸甲酯。在一些民族文化中,用碾碎的白珠叶子制成膏药或茶,是一种缓解疼痛的方法。

很多动物喜欢吃白珠。它的浆果呈鲜红色,可食用。火鸡、鹿、松鸡、老鼠,甚至熊,它们的食物中都有白珠,特别是在冬天。

白珠

蒲公英

我们最常见的植物之一居然可食用，真是太幸运了。有些人认为它是一种杂草，但蒲公英可谓是可食用野生植物中的头号选手。大多数人认识它的齿状叶（它的法语名称意思为"狮子的牙齿"）和明亮的黄色花朵。在广阔的绿色草坪上，蒲公英是一抹阳光和快乐。不幸的是，并不是每个人都如此认为。下面介绍采摘蒲公英的注意事项。

- 不要在工业区附近的路边采摘蒲公英，这些蒲公英可能吸收了附近的毒素。
- 不要从使用肥料或杀虫剂的院子里采摘蒲公英。

在阳光照射少的地方，挑最新最嫩的蒲公英叶采摘，这些最不苦。我们可以用这些嫩蒲公英叶做沙拉，未开花的蒲公英叶为最佳。即使老些的蒲公英叶，只要我们去掉中间的叶脉，然后换水煮两次，也很好吃。烹饪过的蒲公英叶比菠菜更有营养。蒲公英花苞可以做沙拉或炒菜。我们甚至可以油炸蒲公英花。去除蒲公英的花托，因为这部分相当苦涩。裹上由鸡蛋、面粉和牛奶混合的面糊，然后油炸，再沥干油，开始享用吧！

尝试采摘蒲公英根并烤制这些根。它们可以替代美味的咖啡。采摘蒲公英根的最佳时间是在它开花之前。去掉较小的根须，将较大的根切成厚片或小块。在350华氏度（约177摄氏度）的平底锅上烤40分钟，然后将烤好的根与肉桂、小豆蔻一起在水中煮沸，用筛过滤，加牛奶即可饮用。

蒲公英

季节的味道

几乎任何地点、任何时间，我们都能去南非采购橘子、去印度采购咖喱、去加勒比采购香蕉。有如此多的选择是很棒的事，但这也有代价。比如，想一想将那些产品从世界各地运送到船上、卡车上、火车上，这个过程所需能源排放的碳，我们还要考虑灌溉田地的水、制造化肥的能源、确保丰收的农药。如何创建为人们提供工作的机会、公平的收入且可持续的全球食品系统，这个问题的答案并不简单。如果我们更多食用本地当季食物，可能有助于这个问题的解决。每个月都有那么多美味食物，从春天的新鲜浆果和香草，到秋冬天的美味水果和蔬菜——想想胡萝卜、羽衣甘蓝这些块根蔬菜。记得去当地农贸市场，找找有哪些蔬菜水果正当季。

羽衣甘蓝

感恩大自然

在消费驱动的文化中,每个人曾经或正在购买比实际需要多很多的商品,而且我们的幸福似乎只依赖于所积累财富的多少。在这种文化中,我们很少被要求、也不会找机会表达感谢。自然界中有从呼吸的新鲜空气到解渴喝的水,从提供氧气和食物的植物到为鲜花传粉的昆虫,从能让我们呼吸的空气更为温润的树木到给我们提供鱼类的河流、湖泊等。对自然界及其众多馈赠怀有感恩态度,这是有意识的行为,它帮助我们认识到,人类并不只是作为单一物种存在于地球上,而是嵌入在这个奇妙的相互联结的生态系统中。这个系统支持并养育着我们。表达感恩可以提醒我们也有义务去滋养、支持、感谢自然。感谢我们与如此多的物种、我们的祖先和尚未到来的子孙后代存在着关联。与此同时,我们也在付出努力,通过给予回报来互惠互利,这小小的姿态可能让我们言语上的感谢对这个世界赋予了额外的意义。

把这张感恩卡传给我们体验活动的参与者。

感恩卡	建议用语
太阳	谢谢你，太阳！你用光明、能量和温暖照耀这个世界。没有你，植物无法生长，我们没有食物，那些天上飞的、地上走的、水里游的和爬行的物种朋友们也没有食物。如果没有你，地球将是个寒冷孤独的地方。感谢你所有的馈赠。
土壤	谢谢你，神奇而肥沃的土壤，你让植物生根、成长、茁壮。你创造了植物世界，它们为我们和其他生物提供食物、庇护所和氧气。如果没有你，这世界将一片荒芜。感谢你所有的馈赠。
树木	谢谢你，树木。谢谢你的美丽、力量和坚定。你的树冠提供了阴凉，你的叶吸收碳呼出氧，并提供住所和食物。你的根固土防蚀，你为无数动物、鸟类和昆虫提供家园。你在风中对我浅语吟唱。感谢你所有的馈赠。
鸟类	谢谢你，鸟儿们。感谢你美丽的翅膀、高亢的歌声和优雅的色彩与身姿。你让我散步时充满欢乐。我羡慕你们多种多样，羡慕你们在植物中的藏身能力和采集食物、养育雏鸟的勤奋。感谢你所有的馈赠。
野花	谢谢你，野花。谢谢你美丽的色彩、你的快乐和你的坚韧。即使在冬天，野花的种子也充满新生活的希望。感谢花开，你满载着花蜜和花粉，为众多依赖你的昆虫提供食物。感谢你所有的馈赠。
昆虫	敬蝴蝶和飞蛾，你们的翅膀闪着惊人的色彩、图案和形状。感谢辛勤工作授粉的蜜蜂，感谢蚂蚁，你们带着奉献精神和责任感齐心工作，这点让我们人类羡慕嫉妒。感谢蜻蜓，你们飞翔着，既隐秘又快速。感谢蚊子为鸟、蝙蝠提供食物。为世界增添色彩的各种甲虫，我一并感谢。
水	我们的身体和世界的大部分，由水构成。水是生命之液。感谢水，你们带着泡沫的激流在岩石上翻滚，让湖泊或海洋中的蓝色与众不同。感谢水，你形态万千，从雨变成结冰的水坑，从六角形的雪花变成冰川，从欢跳的小溪变成深邃的海洋——我们感谢水，为我们、为所有生物带来生命。
动物	致那些在森林里跑来跑去、毛茸茸的四条腿动物，致那些在草丛中如风般行走的无腿生物，那些跳跃的、那些有着力量和优雅奔跑的动物，那些在我们的河流、湖泊、海洋的上上下下游着的生灵，我们感谢你们的美丽，感谢你们帮助我们见证周围世界的奇迹。

种子感恩球

这里介绍一种制作种子感恩球的方法。用从自己花园、种子交换点或农业用品店里收集本地野生植物的种子。确保这些种子适合当地环境。

成分：

一杯种子
五杯纯堆肥（最好不含泥炭）
两杯黏土粉（商店有售）或当地黏土
水

做法：

1. 把一杯当地种子、五杯纯堆肥、两杯黏土粉或当地黏土在一个大碗中混合。
2. 用手混合它们，同时慢慢加水，直至黏稠，能捏成球的程度。
3. 将混合物搓成直径1英寸（约2.5厘米）大小的球状。
4. 将这些感恩球放在阳光下晒干。

给每个参与者几个种子感恩球。可能的话，让他们充分观察和触摸要感谢的自然。请他们读那些感恩卡，或用自己的话感谢自然。每个人都发完言后，让参与者轻轻地把种子球放在他们要感谢的事物旁，以示感激和互惠。

推荐的种子包括美国薄荷、松果菊、平光卷舌菊、西亚马利筋、三裂叶金光菊等。

秋天在森林里采集种子时，找些当地的常绿树（松树、雪松、云杉、铁杉、冷杉中的任何一种）的球果，放在纸巾上，晾干几个月。晾干后，轻轻敲打球果，种子会掉出来。放进纸袋并标记好，等来年春天。我们既可以把这些种子直接种下，也可以把它们放进种子感恩球。

感官漫步

本书为大家提供各种各样的感官体验活动，不过它们都是围绕某个感官而设置的。下面的活动会把所有感官结合在一起，创造一次引人入胜的体验之旅。

森林漫步

第一站:"正念和自然"(第 010 页)——请参与者找一个静谧的地方坐下,回顾一下练习正念的要点。这将鼓励参加者们关注当下。

漫步时:"鹿的耳朵"(第 016 页)——做相应的活动,专注地听,用心倾听森林的声音。

第二站:"好奇心——福尔摩斯的树叶"(第 075 页)——培养观察力、好奇心和探究心。

漫步时:做"追踪游戏"(第 034 页)。

第三站:"我的树朋友"(第 098 页)——欣赏每一株树的独特性。

漫步时:"气味鸡尾酒"(第 081 页)——欣赏森林中多种多样的气味。

第四站:"诗歌树"(第 061 页)——突出体验活动参与者和一棵树之间的联结,以此鼓励创造性思维和想象力。

在同一地点,"树木之歌"(第 022 页)——回味风吹过不同的树木的声音。"拥抱一棵树"(第 099 页)——花些时间用心体会树的馈赠。

漫步时:做些"触摸寻宝游戏"(第 102 页)——在森林中欣赏来自自然界的不同质感。

第五站:"自然相框"(第 057 页)——把森林的某些部分单独拿出来看,来获得新的视角。

漫步时:"季节色轮"(第 046 页起)——欣赏与季节相关的各种色彩。

第六站:"微型小径"(第 067 页)——欣赏小微世界。

漫步时:"飞溅视觉"(第 066 页)——拓宽可视范围,磨炼观察技巧。

第七站:"鸟鸣声声"(第 024 页)——注意那些藏在树林不怎么现身,美丽而难以捉摸的鸟儿们。

漫步时:"形状寻宝游戏"(第 072 页)——欣赏森林的原生形态和形状。

最后一站:"松树和雪松茶"(第 107 页)——品味森林的味道。带上一壶很热的水(和足够多的杯子),喝之前撒一把雪松或松针叶,泡五分钟,加一点蜂蜜或枫糖浆。

城市公园漫步

第一站:"正念和自然"(第 010 页)——请参与者们找一个静谧的地方坐下,回顾一下练习正念的要点。这将鼓励参加者们关注当下。

漫步时:"蒙眼寻踪"(第 095 页)——适应不同温度的变化、自然的不同质地,感受脚下的公园(确保安全的情况下才可脱鞋子感受。请提前勘察要漫步的区域)。

第二站:"气味寻踪"(第 082 页)——欣赏都市公园里动物们非凡的感官能力。

漫步时:"擦和闻"(第 081 页)——在林中嗅闻各种不同的气味。

第三站:"触摸毯/触摸包"(第 094 页)——充分认识都市公园里质感和形态的多样。

漫步时:"形状寻宝游戏"(第 072 页)——突出都市公园里自然物的原生形态和形状。

第四站:"雕刻大自然"(第 056 页)——用在自然界找到的材料创造美丽的艺术品,帮助我们从新的角度欣赏自然界。

漫步时:"竖手指"(第 029 页)——你能辨别多少种独特的自然界声音?

第五站:"自然音乐"(第 039 页)——专心听自然物发出的不同声音。有创意地创作音乐作品能帮助我们以新的方式欣赏自然。

漫步时:"动物伪装游戏"(第 052 页)——沿路隐藏动物彩图,借此机会谈论动物如何隐藏及依靠伪装生存。

第六站:"地下室之窗"(第 062 页)——欣赏独特的、让我们难以察觉的生物。

漫步时:"飞溅视觉"(第 066 页)——拓宽可视范围,磨炼观察技巧。

第七站:"迷路游戏"(第 120 页)——充分认识方向感多么重要。

后院 / 有限空间的活动

"微型小径"（第 067 页）——欣赏微小世界。

"人体照相机"（第 068 页）——独特方式看世界。

"自然相框"（第 057 页）——单独框定自然的一部分，我们由此获得一个新视角。

"季节性观察活动"（第 077 页）——欣赏季节的色彩。

"动物伪装游戏"/"伪装的蛋"（第 052/054 页）——探索动物使用的和依赖的伪装方式。

"气味袋"（第 083 页）——重点关注在自然界中发现的各种独特气味。

"气味追踪活动"（第 087 页）——游戏中我们能充分觉察附近各种不同的天然味道。

"接地气"（第 096 页）——直接和大地相联结。

"泥巴馅饼"（第 097 页）——有创意地在自然中培养有趣好玩的感觉。

"触摸毯 / 触摸包"（第 094 页）——认识自然中独特的质感和形状。

"季节的味道"（第 111 页）——试试用当季食物为主的野餐。你能在后院或花园里找到做这些当季野餐的食材吗？（请参阅第 107~110 页）

思考问题

- 这些体验活动可以帮助你用新的方式充分认识森林吗？
- 你会觉得更平静、踏实、平和吗？
- 这些体验活动中，哪些你会再做呢？
- 这些体验活动中，哪些你最有共鸣呢？
- 是否觉得你和周围自然界有更多的关联了呢？
- 是否更有动力保护这些特殊地方，让它们免遭动植物栖息地丧失和气候变化的威胁呢？

其他感官体验

当然还有其他，确切地说，还存在有待于讨论的感官体验。其中有一种受到大多数科学家的认同，即本体感觉，这一感官体验能让我们的大脑感受某一时空中的身体是什么样的。关节、肌肉和肌腱中有本体感受器，可以感知身体某些部位之间的关系。感受器能觉察到肌肉的长度和张力，帮助我们完成最基本的动作，比如平衡、行走、坐立和进食。

方向感

闭上眼睛，试着用手指摸鼻尖。想象自己沿着崎岖小路行走，即使脚下的地形高高低低不断变化，你仍能保持着身体平衡。机械感应帮我们检测压力，不过，有些人突变的基因会干扰对触感或肢体移动的觉察能力。本体感觉让我们清楚自己的位置。下面这个游戏能帮助我们意识到方向感是多么重要。

迷路游戏

这个游戏需要一大片空地，在距离活动参与者约 300 英尺（约 100 米）远处插放一根标杆（如果空间不够，近一些也可行）。

- 蒙住游戏参与者的眼睛，告诉他们标杆方向。
- 请他们走向标杆，并在他们感觉到达标杆的位置停下。
- 观察会发生些什么。

人们不可避免地会偏离方向，有时偏得离谱。这可能因为一条腿比另一条腿强壮，或者地形有些不平，从而让我们偏离路线。我们行走中没有参照物，很容易迷失方向。若没有清晰的视线，人们容易在森林里迷路，往往会绕圈走，这可能也是由于同样的原因。

我记得一次在加拿大最北端的黄刀镇（Yellowknife）想走捷径的经历。我想去看瀑布，但找不到。时值冬天，天色阴郁低沉，气温开始剧降，低至零下 40 摄氏度，我很冷而且感觉越来越冷。最后，太阳从云层后面露面。有那么一瞬间，我惊呆了，脑海里说："哦不，不可能！太阳的位置不对！——它应该在那边。"最后，我意识到自己的想法有多荒谬，我完全搞错方向了。这时我才大概知道自己在哪里，最终找到一条路继续重新往家走。

请在不同季节以及一天中的不同时间，认清太阳在我们所处地区的位置，这可以帮助我们了解自己在陆地上的位置。

保持直线

如果在树林里迷路，下面介绍个保持走直线的简单方法。

在你的站立处，注意右手边的树或地标。望向远处，你会看见另一棵树或地标，走过去。

从当前所处位置回头看前一棵树或地标，再选更远处的另外一个地标，确定三点在一线。

持续这么做，就能确定你是在基本保持直线行走。

在这个过程中，你还使用了其他几乎没有被注意到的感官。你的神经元中有传感器，可以帮助你监测、控制头部的倾斜。有的传感器能监测肌肉和肌腱运动。还有些能检测出身体不同部位血液中的血氧水平。

通感

如果我们能听到颜色或闻到声音，那是不是很神奇？这似乎不可能，但有些人就能够融合这两种感觉，这叫通感，具有这种能力的人称为联觉者。当一条通往大脑的感觉通路意外地产生另一条感觉通路，并且两者联结在一起时，就会发生两种感觉的奇异融合。在投射联觉中，当人们听到特定的声音，例如小号的声音时，他们可能会看到一种颜色和一种形状，比如橙色的三角形。

如果我们没有通感能力，为什么不练习练习通感呢？让我们练习深层的通感吧。也许这样，我们能更加深入地与这个难以置信的、而我们又有幸成为其中一部分的世界联结。下次，当我们置身于一片树林，沉浸在绿色中，认真倾听：你能听到与绿色共鸣的声音吗？如果我们非常认真地凝视湖水的深蓝，或抬头仰望天空深处，你能想象这蓝色会发出什么声音吗？面对黑暗和土壤，你能想象出音乐吗？你能闻到红色的味道吗？你能尝到奔腾河流的声音，或者感受到松树的气味吗？让我们打开所有感官，感受它们共同发挥作用，每一种感官都能增强另一种感官，让我们感觉到与此地此刻的联系更加紧密。我们可以感受到过去发生的一切，以及未来即将发生的一切。我们是地球正在展开、正在形成的一部分，就在此时、就在此地。我们能通过用心联结我们周围的事物来纪念这一点吗？不仅是为了我们，也是为了我们的祖先和子孙后代？

通感意向

活动索引

听觉

制作橡果口哨	030
蝙蝠与蛾子	020
成为蝙蝠监测员	021
如何听音辨鸟	025, 026
鸟鸣声声	024, 025
拍手听回声	019
鹿的耳朵	016
听力增强器	017
竖手指	029
蛙类的歌声	027, 028
树木的"心跳"	023
自然音乐	039, 040
自然声谱图	029
四季可玩的声音活动	041
自制声音捕捉器	017
听音导航	019
发声器	036
鼓点追踪	035
团体追踪游戏（适合5人及以上）	035
单人追踪游戏	034
树木之歌	022
群狼嚎叫	037, 038
啄木鸟的敲击游戏	031, 032

视觉

地下室之窗	062, 063
动物伪装游戏	052, 053
制作一个伪装的蛋	055
衣夹的视角	069
季节色轮	046~049
像鹿一样行走	071
鹰之眼	068
刻在我手上——掌纹	060, 061
自然相框	057, 058
好奇心——福尔摩斯的树叶	075, 076
人体照相机	068, 069
自然观赏节	059
微型小径	067
镜中漫游	066
自然雕塑	057
夜游	064
海盗之眼	050
诗歌树	061
季节性观察活动	077
形状寻宝游戏	072, 073
风行者	074

嗅觉

神秘的气味幻灯片 ································ 084
除味儿 ·· 084，085
气味追踪活动 ··· 087
气味寻踪 ··· 082
擦和闻 ·· 081
季节性的嗅觉活动 ································ 089
气味鸡尾酒 ··· 081，082
这个地方是什么味儿？ ····················· 085
气味寻宝游戏 ··· 087，088

感觉

蒙眼寻踪 ··· 095
接地气 ·· 096，097
触摸毯/触摸包 ······································ 094
抓住要点 ··· 101
拥抱一棵树 ··· 099，100
泥巴馅饼 ··· 097
是什么针叶刺着你 ································ 101
我的树朋友 ··· 098
触摸花园 ··· 103
触摸寻宝游戏 ··· 102

感官漫步

后院/有限空间的活动 ······················· 118
城市公园漫步 ··· 117
森林漫步 ··· 116

关于作者

雅各布·罗登伯格（Jacob Rodenburg），博物学家，也是一位屡获殊荣的教育家，他坚信让孩子们与大自然建立联系的重要性。他是卡瓦萨营地（Camp Kawartha）的执行董事，同时还是特伦特大学（Trent University）环境教育专业的讲师。作为拥有 30 年教育经验的教育家，雅各布发表了许多关于儿童、自然和环境的文章，教授过超过 10 万名学生，并且是《自然活动大全》（The Big Book of Nature Activities）的合著者。他现居于加拿大安大略省彼得伯勒市。